**어린이 지식클립**은
초등학생들이 학교 공부를 토대로 세상을 알아 가는 데
필요한 다양한 배경지식을 재미있는 그림과 알찬 문장으로
소개하는 초등 교양 시리즈입니다.

어린이
지식클립 4

# 초등 맞춤법
## 골든벨

류혜인 글 · 이진아 그림

 **머리말**

# '찌게'가 아니라 '찌개'라고요?

멍파고와 함께하는 즐거운 맞춤법 퀴즈
알쏭달쏭 맞춤법, 개념부터 확 잡아요!

어수선이 받아쓰기 30점을 받고 한숨을 푹푹 쉬어요. "식당에도 찌게라고 써 있던데, 찌게가 왜 틀렸죠?", "구지를 구지라고 써야지 왜 굳이라고 쓰나요?" 우리말 쓰기는 알쏭달쏭 참 어려워요. 고민 끝에 어수선은 선생님께 문자 메시지를 보냈지요. '선생님! 엿줄 게 있어서 문자 드려요.' 아마 지혜로운 선생님은 '우리 수선이가 여쭐 게를 엿줄 게로 잘못 알고 있구나.'라고 생각하실 거예요. 하지만 이렇게 쓴 글을 보고 '뭐? 나한테 엿을 준다고?' 하며 오해하는 친구도 있겠죠? 이렇게 맞춤법에 맞지 않게 글을 쓰면 서로의 생각이 잘못 전달될 수 있어요. 오해가 생기면 의사소통에 어려움을 겪게 되고요.

맞춤법은 우리말을 글로 쓸 때 지켜야 할 규칙이에요. 규칙은 모든 사람이 올바르게 이해하고 함께 지켜야 할 약속이지요. 글쓰기 규칙인 맞춤법을 제대로 알고 맞춤법에 맞게 글을 쓰면 자신의 생각과 주장을 정확히 전달할 수 있어요.
우리말 맞춤법은 소리 나는 대로 적는 것을 기본으로 삼아요. 하지만 소리 나는 대로만 쓰는 것도 아니에요. 그렇지 않은 경우도 많아서 맞춤법이 더욱 어렵게 여겨지지요.
글을 쓸 때 지켜야 할 규칙으로는 띄어쓰기도 있어요. 띄어쓰기는 글을 쉽게 이해하는 데 도움을 주지만, 어떤 말을 띄어 쓰느냐에 따라 완전히 다른 뜻이 되기도 하지요. '나물 좀 줘.', '나 물 좀 줘.', '아기가 오리를 보았다.' '아기 가오리를 보았다.' 이렇게 말이에요.

요즘은 스마트폰이나 컴퓨터로 글을 많이 써요. 말장난으로 어법을 틀리게 쓴 글을 흔히 볼 수 있지요. 맞춤법에 맞게 쓴 글보다 온라인상에서 자유롭게 쓴 글을 더 자주 접하다 보니 올바른 우리말 표현과 맞춤법을 배울 기회는 점점 줄어들고 있어요.

**맞춤법을 배우고 익히려면 무엇보다 바르게 쓰인 글을 많이 읽어야 해요.** 헷갈리거나 어려운 맞춤법은 직접 국어사전을 찾아보거나 선생님께 여쭤봐도 좋겠지요.

때로는 수학 공식보다 어렵고, 때로는 날 괴롭히는 골칫덩이 맞춤법!
이제 《초등 맞춤법 골든벨》과 함께 맞춤법과 친해질 시간이에요. 비슷해서 헷갈리는 글자, 잘못된 글자, 받침이 어려운 글자, 그리고 띄어쓰기까지. 가장 많이 틀리고, 헷갈리기 쉬운 단어와 표현만 골라 한눈에 쏙 들어오게 모아 두었어요. 책 속 친구들과 게임을 하며 책장을 넘기다 보면 나도 모르게 맞춤법 실력이 쑥쑥 자라나 있을 거예요. 가족, 친구와 함께 퀴즈를 내며 맞춤법 골든벨에 도전해 보세요. 정확히 익히고 알아 둔 맞춤법은 받아쓰기 시간은 물론, 여러분의 생각을 글로 표현하는 모든 순간에 든든한 자신감이 되어 줄 거예요!

- 2021년 4월 **류혜인**

# 등장인물

### 어수선

별 게 다 궁금한 호기심 대마왕. 운영 중인 유튜브 채널 〈초등속담 팩트체크〉 구독자들의 댓글에 상처받아 맞춤법 공부에 열중하고 있다. 〈맞춤법 골든벨〉에서 좋은 성적을 거두기 위해 노력 중이다.

### 멍파고

어수선네 가족이 키우는 인공 지능 강아지. 알 수 없는 이유로 버려졌다가 어수선과 만나 가족이 되었다. 게으르고 능청스럽지만 어수선의 둘도 없는 친구. 어수선이 다니는 초등학교 교장 선생님 부탁으로 〈맞춤법 골든벨〉 출제 위원이 된다.

### 곽나리

잔소리 대마왕이자 지난해 〈맞춤법 골든벨〉 우승자. 자타공인 '국어 천재'로 이번 대회에서 우승을 노린다.

### 노천재

똑똑해 보이지만 알고 보면 빈틈투성이 허당 소년. 행성 간 거리는 줄줄 외우지만 몰라도 되는 건 알고, 당연히 알아야 하는 건 잘 모른다. 곽나리의 오른팔.

### 학생회장 제니

어수선이 다니는 초등학교의 학생회장.
어수선이 놀이터 미끄럼틀을 차지하고 놀자,
호통치며 쫓아낸 일이 있다.

### 어박사

만물상을 운영하는 어수선의 아버지.
이름은 박사지만 박사 학위를 받은 적은 없다.

### 왕순남

어수선의 무심함에 상처받은 일이 있다.
이후 어수선의 유튜브 채널을 열심히 구독하며
맞춤법을 지적하는 게 일상. 댓글을 달기 위해
맞춤법 공부를 열심히 했다.

### 스미스

어수선의 같은 반 친구. 얼마 전 미국에서
전학 왔다. 〈맞춤법 골든벨〉 1라운드에서
어수선과 함께한다. 수학은 100점.
국어는 노력 중.

### 부학생회장

어수선이 다니는 초등학교의 부학생회장.
짝사랑하는 제니에게 러브레터를 보냈다가
맞춤법이 틀려 거절당한 아픔이 있다.
〈맞춤법 골든벨〉 2라운드에서 어수선과 함께한다.

# 차례

머리말 2

**1장**
**OX를 향해 뛰어라!**
비슷해서 헷갈리는 글자 ①

| 01 | 가리키다 vs 가르치다 | 13 |
| 02 | 낫다 vs 낳다 | 15 |
| 03 | 다르다 vs 틀리다 | 17 |
| 04 | 부치다 vs 붙이다 | 19 |
| 05 | 빗다 vs 빚다 | 21 |
| 06 | 잃어버리다 vs 잊어버리다 | 23 |
| 07 | 적다 vs 작다 | 25 |

**2장**
**팻말을 향해 달려라!**
비슷해서 헷갈리는 글자 ②

| 08 | 너머 vs 넘어 | 33 |
| 09 | 이쁘다 vs 예쁘다 | 35 |
| 10 | 왠지 vs 웬지 | 37 |
| 11 | 안 vs 않 | 39 |
| 12 | 로서 vs 로써 | 41 |
| 13 | 대로 vs 데로 | 43 |
| 14 | ~쟁이 vs ~장이 | 45 |
| 15 | 연예 vs 연애 | 47 |

문제를 맞히면 사탕을 주마!

거절한다! 그 사탕을 맞춰서 얻을 거다!

| 16 | 거에요 vs 거예요 | 55 |
| 17 | 할게 vs 할께 | 57 |
| 18 | 핼쑥하다 vs 핼쓱하다 | 59 |
| 19 | 찌개 vs 찌게 | 61 |
| 20 | 노란색 vs 노랑색 | 63 |
| 21 | 서슴지 vs 서슴치 | 65 |
| 22 | 도긴개긴 vs 도찐개찐 | 67 |
| 23 | 알나리깔나리 vs 얼레리꼴레리 | 69 |

**3장 틀린 글자를 찾아라!** 잘못된 글자

| 24 | 사이시옷이 들어가는 말 | 77 |
| 25 | ㅎ 받침이 들어가는 말 | 79 |
| 26 | ㄴㅈ, ㄴㅎ, ㅄ 받침이 들어가는 말 | 81 |
| 27 | ㄹㄱ, ㄹㅁ 받침이 들어가는 말 | 83 |
| 28 | ㄹㅂ, ㄹㅎ, ㄹㅁ 받침이 들어가는 말 | 85 |

**4장 사지선다형 문제입니다!** 받침이 어려운 글자

| * | 띄어쓰기는 왜 필요할까? | 93 |
| 29 | 품사를 이해해요! | 95 |
| 30 | 낱말은 띄어 써요! | 97 |
| 31 | 의존 명사 띄어쓰기 | 99 |
| 32 | 단위 띄어쓰기 | 101 |
| 33 | 이름 띄어쓰기 | 103 |
| 34 | 마지막 문제 | 105 |

**5장 골든벨을 울려라!** 띄어쓰기

# 어수선, <맞춤법 골든벨>에 도전하다!

# 1장
# OX를 향해 뛰어라!
## 비슷해서 헷갈리는 글자 ①

오늘은 5월 5일 어린이날. 휴일인데도 참가자가 바글바글해.

"쑤썬, 쑤썬! 너도 왔구나!"

내 어깨를 톡톡 친 건 얼마 전 미국에서 전학 온 친구 스미스였어. 우리 반에서 수학을 가장 잘해. 선생님도 못 푼 문제를 척척 푸는 실력이니, 맞춤법도 좀 알겠지? 일단 스미스만 졸졸 따라다녀야지.

"여러분, 〈맞춤법 골든벨〉에 참가해 주셔서 감사합니다. 문제 출제자 멍파고를 소개합니다. 여러분도 알다시피 멍파고는 인공 지능 강아지랍니다. 무려 맞춤법 문제 10만 개를 보유하고 있지요."

멍파고는 교장 선생님 옆에 당당하게 서서 나를 향해 실실 웃었어. 아, 뭔가 뒤통수를 맞은 기분이야. 나한테 말도 안 해 주고. 두고 보자, 멍파고!

"여러분! 대회는 총 다섯 라운드로 펼쳐집니다! 첫 번째 대결은 **OX 퀴즈! 문제를 읽고 맞춤법에 맞으면 O 팻말로, 틀리면 X 팻말로 뛰어가세요!** 자, 그럼 시작합니다!"

# 01 가리키다 VS 가르치다

오늘 왕순남이 손가락으로 내 얼굴을 가리키며 말했다. "너 정말 못생겼어!" 그러자 친구들이 웃었다. 나는 기분이 나빴지만 화장실이 급해서 꾹 참았다.

왕순남이 손가락으로 어수선을 가리켰죠? '가리키다'는 이렇게 손가락으로 방향이나 대상을 알리는 거예요. '가르치다'라는 말과 헷갈리는데, '가르치다'는 지식이나 기술을 누군가에게 알려줄 때 쓰는 말이에요.

## 같다 VS 갖다

· 나와 멍파고는 취미가 같아요.

같다 : 서로 비교해 보았을 때, 하나이거나 다르지 않다는 거예요.

· 자전거를 꼭 갖고 싶어요.

갖다 : '가지다'의 준말로 자기 것으로 한다는 뜻이에요.

## 거치다 VS 걷히다

· 대전을 거쳐서 부산으로 갔어요.

거치다 : 어디를 지나거나 어떤 과정을 겪는다는 뜻이에요.

· 구름이 걷히고 날이 개었어요.

걷히다 : 구름이나 안개가 없어지고 맑게 갠다는 뜻이에요.

## 늘리다 VS 늘이다

· 팔로우 수를 늘리려면 어떻게 해야 할까?

늘리다 : 물체의 넓이나 부피, 수량 등을 원래보다 커지게 하는 거예요.

· 키가 커서 바짓단을 늘였어요.

늘이다 : 길이나 선 등을 원래보다 길게 하는 거예요.

# 02 낫다 VS 낳다

어제 밤부터 열이 났다. 아침에 일어나니 다 나았다 . 학교에 가려고 했는데 아빠가 누워 있으라고 해서 그냥 누워 있었다. 아빠는 참 훌륭하다.

**정답은 O**

어수선은 아침에 몸이 다 나았어요. '낫다'는 병이나 상처 따위가 고쳐졌다는 뜻인데, '낳다'와 소리가 비슷해서 헷갈리지요. '낳다'는 배 속의 아이, 새끼나 알을 몸 밖으로 내놓는다는 뜻이에요.

## 다리다 VS 달이다

- 셔츠를 다려서 입어요.

**다리다** : 옷이나 천의 구김을 펴기 위해 다리미질을 하는 거예요.

- 마당에서 한약을 달이고 있어요.

**달이다** : 한약, 간장 같은 액체를 오래 끓여서 진하게 만드는 거예요.

## 다치다 VS 닫히다

- 칼질을 하다가 손을 다쳤어요.

**다치다** : 부딪치거나 맞아서 몸에 상처가 생겼다는 뜻이에요.

- 정문이 닫혀서 학교에 들어가지 못했어요.

**닫히다** : 열려 있는 문짝, 서랍, 뚜껑 등이 도로 제자리로 가는 거예요.

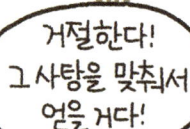

거절한다! 그 사탕을 맞춰서 얻을 거다!

문제를 맞히면 사탕을 주마!

## 맞히다 VS 맞추다

- 문제 맞히면 사탕 줄게요.

**맞히다** : 문제의 답을 틀리지 않게 한다는 뜻이에요.

- 화살이 과녁을 맞췄어요.

**맞추다** : 떨어진 것을 제자리에 맞게 붙이거나 서로 닿게 한다는 거예요.

# 03 다르다 VS 틀리다

우리 반에 전학생이 왔다. 스미스는 나랑 코 모양이 완전히 다르다. 나는 펑퍼짐한데, 스미스는 오뚝하다. 그래서 수업 시간에 계속 쳐다봤다.

## 정답은 O

멍파고와 스미스는 코 모양이 달라요. '다르다'는 비교하는 두 대상이 같지 않다는 뜻이고, '틀리다'는 계산이나 사실이 맞지 않거나 어긋난다는 뜻이에요.

### 맡다 VS 맞다

· 멍파고는 냄새를 잘 **맡아요**.

**맡다** : 코로 냄새를 느끼는 거예요. 어떤 일을 책임지고 담당한다는 뜻도 있어요.

· 날아오는 축구공에 **맞았어요**.

**맞다** : 외부에서 어떤 힘이 가해져 몸에 해를 입는다는 뜻이에요.

### 메다 VS 매다

· 가방을 **메고** 학교에 가요.

**메다** : 어깨에 걸치거나 올려놓는다는 뜻이에요.

· 신발끈을 **매고** 달리기를 해요.

**매다** : 끈이나 줄 따위가 풀어지지 않게 묶는 거예요.

### 시키다 VS 식히다

· 멍파고에게 심부름을 **시켰어요**.

**시키다** : 어떤 일이나 행동을 하게 하는 거예요.

· 뜨거우니까 **식혀서** 먹어요.

**식히다** : 더운 기운을 없애거나, 끓어오르는 마음을 가라앉히는 거예요.

자, 어서 어서! 학교 늦겠다. 가방 메고! 신발끈 매고! 우산 챙기고!

# 04 부치다 vs 붙이다

비가 왔다. 아빠는 비가 온다며 김치전을 부쳤다.
나는 곽나리랑 끝부분을 먹겠다며 조금 싸웠다.
왜 그런지는 몰라도 비가 오면 김치전이 더 맛있다.

정답은 **O**

프라이팬에 김치전을 익히거나, 부채를 흔들어 바람을 일으키거나, 편지를 보낼 때는 '부치다'라고 해요. '붙이다'는 떨어지지 않게 하거나, 불을 일으킬 때 쓰는 말이에요.

## 벌리다 VS 벌이다

· 봉투를 **벌려** 쓰레기를 담았어요.

**벌리다** : 둘 사이를 넓히거나 멀게 하는 거예요.

· 마을 잔치를 크게 **벌였어요**.

**벌이다** : 일을 계획하여 시작하거나 펼치는 거예요.

## 부시다 VS 부수다

내 장난감 좀 봐. 너무 눈이 부셔!

· 햇빛이 강해서 눈이 **부셨어요**.

**부시다** : 빛이나 색이 강렬해서 마주 보기가 어렵다는 뜻이에요.

· 동생이 공룡 장난감을 다 **부쉈어요**.

**부수다** : 단단한 물체를 여러 조각이 나게 두드려 깨뜨리는 거예요.

## 비치다 VS 비추다

거울에 비친 내 얼굴, 싫지 않아!

· 창문에 사람 그림자가 **비쳤어요**.

**비치다** : 빛이 나서 환하거나, 빛을 받아 모양이 나타나 보이는 거예요.

· 손전등으로 앞을 **비췄어요**.

**비추다** : 전등이나 촛불처럼 빛을 내는 물체가 뭔가를 밝게 하는 거예요.

# 05 빗다 VS 빚다

아침에 일어났더니 머리가 이상했다. 머리를 감고 자서 그런지 머리카락이 다 섰다. 아무리 빗어도 가라앉지 않아서 머리를 다시 감았다.

## 정답은 O

머리를 빗을 때는 '빗다'라고 해요. 발음이 비슷한 '빚다'는 흙으로 도자기를 만들거나, 만두나 송편을 만들 때 쓰는 말이에요. 이번 토요일에는 어수선과 김치 만두를 빚어 먹고 싶군요!

### 세다 VS 새다 VS 새우다

· 나는 멍파고보다 힘이 **세요**.

**세다** : 힘이 많다는 뜻도 있고, 물건의 수량을 헤아린다는 뜻도 있어요.

· 천장에서 비가 줄줄 **새요**.

**새다** : 기체나 액체가 틈이나 구멍으로 조금씩 빠져나가는 거예요.

· 시험 공부 하느라 밤을 **새웠어요**.

**새우다** : 한숨도 자지 않고 밤을 지내는 거예요.

앉아서 안다고만 하지 말고 알려고 노력해 주지 않을래?

### 안다 VS 앉다 VS 않다

· 아기를 품에 **안았어요**.

**안다** : 두 팔을 벌려 끌어당기거나, 품 안에 있게 하는 거예요.

· 여기 **앉아서** 기다려 줄래요?

**앉다** : 사람이나 동물이 엉덩이를 의자나 바닥 등에 올려놓는 거예요.

· 아무 데도 가지 **않고** 기다릴게요.

**않다** : 어떤 행동을 안 하거나, 앞말이 뜻하는 행동을 부정하는 거예요.

# 06 잃어버리다 VS 잊어버리다

오늘은 우울하다. 미끄럼틀 위에서 몬스터 카드 놀이를 했는데 내가 아끼는 카드를 잃어버렸다. 노천재한테 힘들게 빼앗은 건데 정말 눈물이 난다.

# 정답은 O

저런, 어수선이 카드를 잃어버렸네요. '잃어버리다'는 자신도 모르는 사이에 물건이 없어지는 것이고, '잊어버리다'는 한번 알았던 것을 기억하지 못하는 거예요. 물론 저 멍파고는 무엇이든 절대 잊어버리지 않죠!

## 엎다 VS 업다

· 쟁반을 엎어서 그릇이 깨졌어요.

엎다 : 그릇 따위를 실수로 넘어뜨려 담긴 것이 쏟아지는 거예요.

· 멍파고를 업고 100미터를 달렸어요.

업다 : 사람이나 동물을 등에 대고 손으로 잡거나 뭔가로 동여매는 거예요.

배추를 절이느라 계속 앉아 있었더니 다리가 저려서 못 일어나겠어!

## 저리다 VS 절이다

· 다리가 저려서 일어날 수가 없어요.

저리다 : 뼈마디나 몸의 일부가 오래 눌려 피가 잘 통하지 않는 거예요.

· 배추를 소금에 절여요.

절이다 : 야채나 생선을 소금, 식초, 설탕 따위에 담가 간이 배어들게 하는 거예요.

## 졸이다 VS 조리다

· 온종일 마음을 졸였어요.

졸이다 : 마음이나 가슴을 태우다시피 초조해하는 거예요.
찌개, 한약 따위의 물을 증발시켜 양이 줄게 하는 것도 '졸이다'예요.

· 30분 정도 조리면 맛있는 장조림이 되어요.

조리다 : 양념을 한 고기나 생선, 채소 따위를 국물에 넣고 바짝 끓여서 양념이 배어들게 하는 거예요.

장조림은 처음이라 망칠까 봐 마음을 졸였지 뭐야!

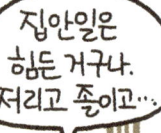

집안일은 힘든 거구나. 저리고 졸이고…

# 07 적다 vs 작다

오늘 급식 당번은 왕순남이다. 왕순남이 소시지 볶음을 나눠 주는데, 나만 적게 주었다. 소시지 조각 딱 하나만 주다니! 나한테 화가 난 걸까?

# 정답은 O

'적다'와 '작다'는 뜻을 구분하기 까다로운 말이에요. '적다'는 수, 양, 정도가 기준에 미치지 못한다는 뜻으로 반대말은 '많다'예요. '작다'는 길이, 넓이, 부피, 크기 따위가 기준에 미치지 못한다는 뜻으로 반대말은 '크다'예요.

## 짓다 VS 짖다

• 아빠가 밥을 지었어요.

**짓다** : 밥이나 옷, 집 따위를 만든다는 뜻이에요. 글을 쓰는 것도 '짓다'라고 해요.

• 멍파고가 짖는 소리가 들렸어요.

**짖다** : 개가 목청으로 소리를 내거나, 새가 시끄럽게 우는 것을 말해요.

## 짚다 VS 집다

• 어수선이 넘어지면서 땅바닥을 짚었어요.

**짚다** : 바닥이나 벽, 지팡이 따위에 몸을 의지하는 거예요.

• 초콜릿과 과자를 마음대로 집어 먹어요.

**집다** : 손가락이나 발가락으로 물건을 잡아서 드는 거예요.

밤에 멍파고 짖는 소리 좀 안 나게 해라!

## 찢다 VS 찧다

• 시험을 망쳤다고 시험지를 찢으면 안 돼요.

**찢다** : 물체를 잡아당겨서 가르는 거예요.

• 달토끼가 방아를 찧고 있어요.

**찧다** : 곡식 따위를 잘게 만들려고 절구에 담고 공이로 내려치는 거예요.

역시 나는 행운아야. 지원자 100명 중에 절반 정도가 떨어졌는데 내가 살아남았거든. 정말 기적 같은 일이야!

"스미스, 고마워. 네 덕분이야!"

"내 덕분 아냐. 저 사람 덕분!"

"응, 누구?"

스미스는 팔을 쭉 뻗어 누군가를 가리켰어.

"저기 6학년 부학생회장 형! 부학생회장이니까 흠~, 그러니까 스마트할 것 같아서 따라다녔어. 오케이?"

"음, 그렇다면 2라운드는 부학생회장 형을 쫓아다녀야지!"

그런데 좀 찜찜하긴 해. 저 형이 학생회장한테 러브레터를 보냈다가 맞춤법이 다 틀려서 거절당했다는 건 우리 학교 애들이 다 아는 사실! 하지만 동병상련의 비애도 느껴져. 마음에 상처를 입은 뒤로 나처럼 맞춤법 공부에 매진했을지도 모르잖아?

그나저나 멍파고! 정답이 모조리 O면 재미없잖아!

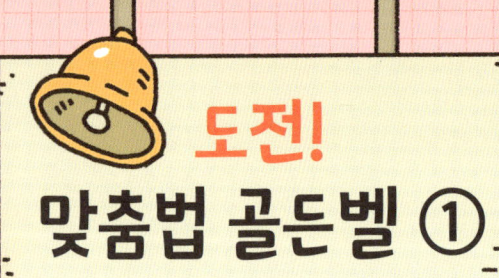

 맞춤법에 맞는 말에 V표 하세요.

선생님이 한국사를 가르쳐요. ☐
선생님이 한국사를 가리켜요. ☐

우리 집 개가 새끼를 낳았어요. ☐
우리 집 개가 새끼를 나았어요. ☐

봉투에 우표를 부쳤어요. ☐
봉투에 우표를 붙였어요. ☐

할아버지가 도자기를 빚어요. ☐
할아버지가 도자기를 빗어요. ☐

버스에서 지갑을 잊어버렸어요. ☐
버스에서 지갑을 잃어버렸어요. ☐

내 방은 아주 작아요. ☐
내 방은 아주 적어요. ☐

맞춤법에 맞는 문장에는 O표, 틀린 문장에는 X표 하세요.

몸무게를 조금 더 늘려야 해요. ……………

분홍 드레스를 꼼꼼하게 다려요. ……………

축구를 하다 다리를 다쳤어요. ……………

나무꾼이 지게를 맸어요. ……………

커다란 곰인형을 갖고 싶어요. ……………

친구 집을 걷혀서 집으로 갔어요. ……………

수직선을 길게 늘여 그리세요. ……………

간장을 다리면 맛이 좋아져요. ……………

약국 문이 다쳐 있어요. ……………

화살이 과녁을 맞혔어요. ……………

비를 맞아서 감기가 들었어요. ……………

줄을 튼튼하게 맸어요. ……………

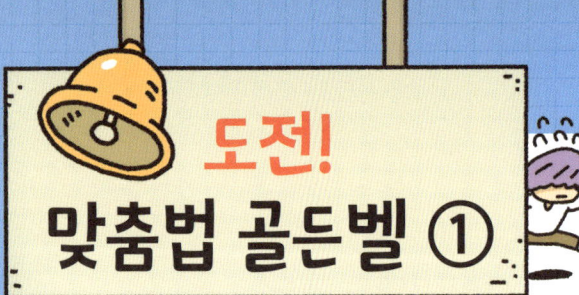

 빈칸에 들어갈 말을 알맞게 이으세요.

| | |
|---|---|
| 엄마는 나를 등에　　　． | • 엎었어요.<br>• 업었어요. |
| 생선을　　　오래 보관해요. | • 저려<br>• 절여 |
| 마지막까지 마음을　　　． | • 졸였어요.<br>• 조렸어요. |
| 할머니는 지팡이를　　　다녀요. | • 짚고<br>• 집고 |
| 한밤중에 컹컹 개가　　　． | • 짖어요.<br>• 짖어요. |
| 절구에 쌀을 넣고 콩콩　　　． | • 찢었어요.<br>• 찧었어요. |

받아쓰기 시험지예요. 틀린 부분을 바르게 고쳐 주세요.

○학년 ○반 ○번  어수선

1. 뜨거운 우유를 시켜서 마셨어요.
2. 종이 봉투를 벌려 주세요.
3. 눈부시게 아름다운 보석이에요.
4. 달빛이 골목길을 비췄어요.
5. 몬스터 카드가 몇 장인지 새었어요.
6. 우리는 조용히 의자에 앉았어요.

1. 시켜서 ┈┈ | | | |
5. 새었어요 ┈┈ | | | | |

## 2장
# 팻말을 향해 달려라!
### 비슷해서 헷갈리는 글자 ②

나는 부학생회장 형 등 뒤에 딱 붙었어.

"어, 누구신데 제 뒤에…?"

"안녕하세요! 저는 3학년 1반 어수선입니다. 평소에 형을 정말 존경해 왔어요. 그래서 형이 가시는 길을 따르려 합니다."

"훗, 그래? 좋아 나만 따라다녀!"

좋았어. 이번 라운드도 왠지 느낌이 좋은걸?

"여러분! 2라운드에 오신 것을 환영합니다! 이번 라운드도 비슷해서 헷갈리는 글자를 출제합니다. 문제를 보고 빈칸에 알맞은 단어가 적혀 있는 팻말을 향해 달리세요!"

교장 선생님 말씀이 끝나자, 멍파고가 고개를 빳빳하게 세우고 문제 버튼을 눌렀어. 설마 이번에도 내 일기장은 아니겠지?

좀 어려울 것 같은데….

꿀꺽~

# 08
# 너머 VS 넘어

멍파고는 가끔 노래를 들려준다.
오늘은 <오버 더 레인보우>를 들려주었는데, 해석하면
<무지개 너머 / 넘어 >라는 뜻이라고 한다.

'너머'와 '넘어'는 친구들이 자주 헷갈리는 말이에요. '너머'는 '산 너머', '고개 너머' 처럼 가로막은 사물의 저쪽을 뜻해요. '넘어'의 기본형은 동사 '넘다'로, 일정한 시간이나 기준, 높은 곳을 지난다는 뜻이에요.

**정답은 너머**

## ~든지 VS ~던지

· 밥을 먹든지 빵을 먹든지 마음대로 해요.
~든지 : 여러 개 중에서 어느 것이든 선택할 수 있을 때 쓰는 말이에요.

· 얼마나 배가 고팠던지 모두 맛있어 보여요.
~던지 : 앞의 말을 뒤에 나오는 말과 관련시키는 데 쓰는 말이에요.

## 반드시 VS 반듯이

· 이번에는 반드시 100점 맞을 거야.
반드시 : '틀림없이, 꼭, 기필코' 라는 의미예요.

· 수선아, 몸가짐을 반듯이 하거라.
반듯이 : 물건, 행동, 생각 따위가 비뚤어지지 않고 바른 상태를 뜻해요.

# 09 이쁘다 VS 예쁘다

아빠는 아침마다 나에게 뽀뽀를 하며 "아이고, 이쁜 / 예쁜 우리 아들, 잘 잤어?" 하신다. 어렸을 때는 좋았지만 지금은 아빠의 뽀뽀가 왠지 싫다.

정답은
**이쁘다**
**예쁘다**

이번 문제의 정답은 2개! '예쁘다'와 '이쁘다' 둘 다 맞는 말입니다. 원래 '예쁘다'만 표준어였는데, '이쁘다'라는 말도 사람들이 많이 쓰는 말이기 때문에 표준어로 인정을 받았어요. '짜장면'과 '자장면', '먹거리'와 '먹을거리'도 모두 표준어랍니다.

## 헷갈리다 VS 헛갈리다

- 1번과 2번 중 정답이 무엇인지 **헷갈린다**.
- 1번과 2번 중 정답이 무엇인지 **헛갈린다**.

'**헷갈리다**'와 '**헛갈리다**'도 같은 뜻을 가진 말로, 둘 다 사용합니다. 여러 가지가 뒤섞여 갈피를 잡지 못한다는 뜻이지요.

헷갈릴 땐 무조건 3번이야.

## 삐지다 VS 삐치다

- 어제 내가 한 말 때문에 **삐진 거야**?
- 어제 내가 한 말 때문에 **삐친 거야**?

'**삐지다**'와 '**삐치다**'도 같은 뜻을 가진 말로, 둘 다 사용합니다. 성이 나거나 못마땅해서 마음이 토라진 상태이지요.

그거 무슨 근거가 있어?

# 10 왠지 vs 웬지

오늘은 왠지 / 웬지 눈이 일찍 떠졌다. 일어나자마자 배가 고파서 토스트를 굽고, 버터와 딸기잼을 듬뿍 발라 먹었다. 아빠 것도 만들었는데, 배가 고파서 내가 다 먹고 말았다.

정답은 **왠지**

'웬'은 '어찌 된', '어떠한'이라는 의미를 담은 말로 '웬 걱정이야', '웬 놈이야!'처럼 쓰여요. '왠지'는 '왜 그런지 모르게', '뚜렷한 이유도 없이'라는 뜻으로 '왜인지'의 준말이에요.

## 때 VS 떼

- 방학 **때** 할아버지 댁에 놀러 갈까요?

  때 : 시간의 어떤 순간을 뜻해요.
  옷이나 몸에 묻은 먼지와 분비물을 뜻하기도 하고요.

- 까마귀 **떼**가 날아오고 있어요.

  ~떼 : 목적이나 행동을 같이 하는 무리를 말해요.

저녁 때 공원을 갔더니 날파리 떼가 엄청 많더라고!

## 웃 VS 윗

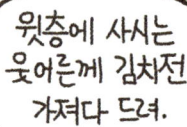

윗층에 사시는 웃어른께 김차전 가져다 드려.

- 골목에서 **웃**어른을 만나면 인사드려.

  웃 : '위'라는 뜻이에요. '아래'라는 말로 바꿀 수 없어요.

- 너는 **윗**입술이 두꺼워.

  윗 : '윗도리'와 '아랫도리'처럼 대립하는 말이 있는 경우에는 '윗'을 써요.

네~

# 11
# 안 VS 않

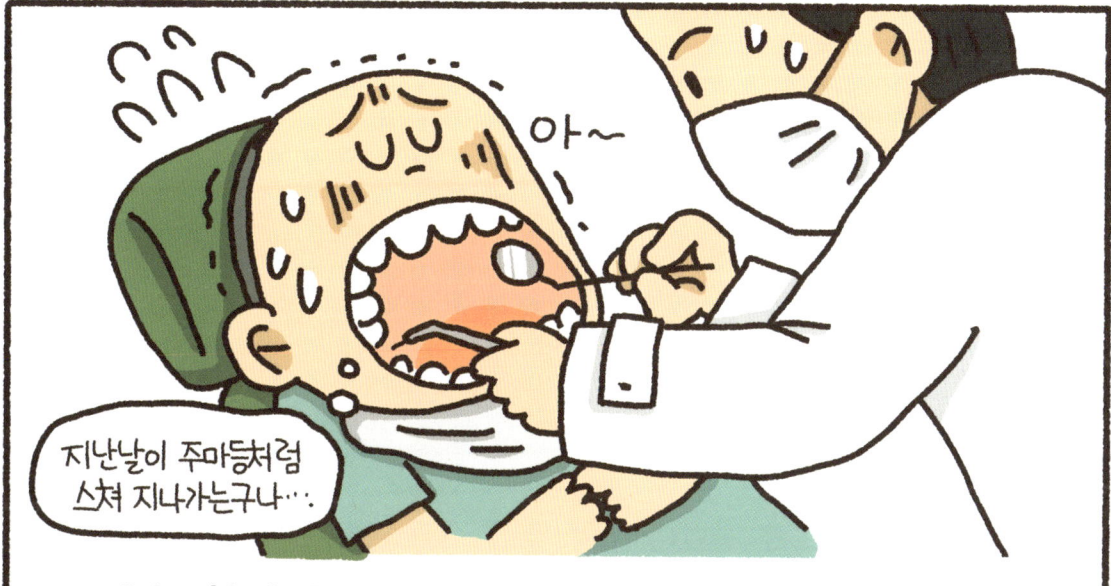

오늘 치과에 갔는데, 의사 선생님이 충치가 있다고 하셨다. 치료를 하는데 아프고 기분도 나빴다. 양치 안 / 않 하고 잠들었던 지난날이 후회된다.

정답은 **안**

'않'은 '아니 하'를 줄인 것이고, '안'은 '아니'를 줄인 말이에요. 그래서 헷갈릴 때는 '아니 하'나 '아니'를 넣어 보면 된답니다. '양치를 안 하다'는 '양치를 아니 하다'로 표현할 수 있으니 '안'이 맞지요.

## 되 VS 돼

- 세종대왕처럼 훌륭한 사람이 **되고** 싶어요.

  되 : 다른 것으로 바뀌거나 변할 때, 어떤 일이 이루어졌을 때 쓰는 말이에요.

- 스마트폰을 오래 하면 **안 돼요**.

  돼 : '되어'를 줄인 말이에요. '되'와 '돼'가 헷갈릴 때는 들어갈 자리에 '되어'를 넣어 보세요. 자연스럽게 이어지면 '돼'가 맞아요.

## 채 VS 체

- 입에 밥을 문 **채** 잠이 들었어요.

  채 : 이미 있는 상태 그대로 있다는 뜻이에요.

- 잘난 **체** 하지 말고 내 말 들어요.

  체 : 그럴듯하게 꾸미는 태도나 모양을 뜻하며, '척'과 비슷한 말이에요.

# 12
# 로서 VS 로써

왕순남이 내 유튜브 채널 <초등속담 팩트체크>에 자꾸 댓글을 단다. 자막에서 틀린 글자를 속속 찾아내어 망신을 준다. 구독자 100명을 둔 유튜버 로서 / 로써 정말 창피하고 화도 난다.

정답은 **로서**

'로서'는 지위, 신분, 자격을 나타내는 말이고, '로써'는 어떤 물건의 재료, 원료, 도구를 나타내는 말이에요. '아침에 달리기를 한 지 오늘로써 일주일째야.'처럼 어떤 일의 기준이 되는 시간을 나타낼 때도 '로써'를 써요.

## 오랜 vs 오랫

· **오랜만**에 놀이동산에 놀러갔어요.
**오랜만** : '오래간만'의 준말로, 어떤 일이 있은 때로부터 긴 시간이 지난 뒤를 뜻해요.

· 앞으로 **오랫동안** 볼 일 없겠네요.
**오랫동안** : 시간상으로 꽤 긴 동안을 뜻하는 말이에요.

## 어떻게 vs 어떡해

순남이 너 어떻게 나한테 그러냐?

· 요즘 **어떻게** 지내니?
**어떻게** : '어떻게'의 기본형은 '어떻다'로, 성질이나 상태 따위가 어찌 되어 있다는 뜻이에요.

· 공부 하나도 안 했는데 **어떡해**.
**어떡해** : '어떡해'는 '어떻게 해'가 줄어든 말로, 주로 문장 마지막에 와요.

어떡하지? 화난 걸까?

뭐가~

# 13
# 대로 vs 데로

곽나리가 1시간 동안 자기가 시키는 대로 / 데로 하면 몬스터 카드 10장을 주겠다고 했다. 좀 비굴했지만 카드를 얻기 위해서 꾹 참고, 곽나리의 부하가 되었다.

정답은 **대로**

'시키는 대로'에서 '대로'는 '앞말이 뜻하는 그 모양과 같이'라는 뜻이에요. '앞말이 뜻하는 상태나 행동이 나타나자마자'라는 뜻으로도 쓰이지요. '데로'는 곳이나 장소를 뜻하는 '데'에 '로'가 붙은 말이랍니다.

## 껍데기 VS 껍질

· 달걀 **껍데기**는 일반 쓰레기예요.
**껍데기** : 달걀이나 조개 따위의 겉을 싸고 있는 단단한 물질이에요.

· 수박 **껍질**까지 싹싹 먹었다.
**껍질** : 귤, 양파 등 물체의 겉을 싸고 있는 단단하지 않은 물질이에요.

## 봉오리 VS 봉우리

· 벌써 **봉오리**가 맺혔구나.
**봉오리** : 망울만 맺히고 아직 피지 않은 꽃으로, 꽃봉오리와 같은 말이에요.

· 가장 높은 **봉우리**까지 갔다 왔어요.
**봉우리** : 산에서 뾰족하게 높이 솟은 부분으로 산봉우리와 같은 말이에요.

첫! 나만 빼고 등산을 가다니!

# 14
# ~쟁이 VS ~장이

오늘 미끄럼틀 위에서 카드 놀이를 하다가 어떤 누나한테 혼났다. "이런 말썽쟁이 / 말썽장이 들! 너희 때문에 다른 애들이 불편하잖아!" 미끄럼틀 위가 좁긴 하지만, 그래도 잘못은 인정한다.

## 정답은 쟁이

'쟁이'는 어떤 성격이나 특징이 있는 사람을 가리키고, '장이'는 특정한 기술을 가진 사람을 뜻해요. 예를 들어 장난이 심한 아이를 '개구쟁이', 대장간에서 연장을 만드는 기술자를 '대장장이'라고 하지요.

# 빌다 VS 빌리다

· 나는 하늘에 소원을 빌었어요.

**빌다** : 바라는 바를 이루게 해 달라고 간청할 때, 잘못을 용서해 달라고 할 때 쓰는 말이에요.

· 다시는 너한테 안 빌릴 거야.

**빌리다** : 남의 물건이나 돈을 나중에 도로 돌려주거나 대가를 갚기로 하고 얼마 동안 쓸 때, '빌리다'라고 해요. '이 자리를 빌어 모든 분께 감사드립니다'라는 표현을 자주 쓰는데, 이는 잘못된 말입니다. '이 자리를 빌려'가 맞는 말이에요.

> 일기장을 빌려주신 어수선 학생에게 이 자리를 빌려 다시 한번 감사드립니다.

> 빌려준 적 없거든! 멋대로 가져가 놓고는 무슨 감사야!

# 바라다 VS 바래다

· 내가 바라던 대로 되었어요.

**바라다** : 생각이나 바람대로 어떤 일이 이루어졌으면 하고 생각하는 거예요. "네가 성공하는 게 나의 바람이야."라고 말할 때, '바램'이라고 쓰는 경우가 종종 있는데, 이는 틀린 말이에요.

· 햇볕을 오래 쬐었더니 커튼 색이 바랬어요.

**바래다** : 햇볕이나 습기를 받아 색이 변하는 거예요. "집까지 바래다 주다."처럼 누군가를 배웅할 때도 사용해요.

# 15
# 연예 VS 연애

오늘 우리 학교에 연예인 / 연애인 이 나타났다. 아주 유명한 개그맨이라는데, 바보 흉내의 달인이라고 하셨다. 내가 바보 흉내를 따라 했더니 아주 좋아하셨다.

## 정답은 **연예**

'연예인'에서 '연예'는 여러 사람 앞에서 음악, 무용, 연극, 쇼 등을 보이는 일을 의미해요. '연애'는 서로 좋아해서 사귀는 것을 뜻한답니다.

## 개발 VS 계발

· 유전을 **개발**하여 석유를 생산해요.

개발 : 토지나 천연자원 따위를 더 쓸모 있게 만드는 거예요.

· 언제나 자기 **계발**을 하는 게 중요해요.

계발 : 재능이나 지혜, 생각 등을 일깨우는 거예요.

## 지양 VS 지향

· 폭력과 차별은 **지양**해야 합니다.

지양 : 더 높은 단계로 오르기 위해 어떠한 행동을 하지 않는 거예요.

· 우리는 평화를 **지향**합니다.

지향 : 어떤 목표에 뜻을 두고 나아가는 거예요.

## 출연 VS 출현

· 새로운 드라마에 **출연**할 예정입니다.

출연 : 연기, 공연, 연설 등을 위하여 무대나 연단에 나가는 거예요.

· 멍파고가 갑자기 **출현**해서 당황했다.

출현 : 나타나서 보이는 거예요.

야호! 역시 사람은 사람을 잘 써야 하는 법! 덕분에 이번 라운드도 가볍게 통과했어. 우리는 얼싸안고 기뻐했지.

"형, 정말 대단해요! 멋져요!"

"훗, 그래. 하지만 멋진 건 내가 아니라 바로 우리 학생회장 제니지. 나는 제니만 따라다녔을 뿐이야."

"엥? 정말이요?"

"제니는 내가 쓴 러브레터의 맞춤법을 일일이 수정해서 나에게 돌려주었어. 그만큼 맞춤법의 달인이지! 그러니까 너도 제니를 따르도록 해."

학생회장 누나는 어떤 사람일까? 분명히 투표는 한 것 같은데, 왜 생각이 안 나지?

"형, 그런데 제니 누나가 누구예요? 제가 잘 몰라서."

"뭐라고? 저기 있잖아. 딱 봐도 학생회장 같지 않니?"

고개를 돌린 순간, 나는 제니 누나와 두 눈이 딱 마주쳤어. 앗, 저 눈빛은! 놀이터에서 나를 야단쳤던 바로 그 무서운 누나잖아?

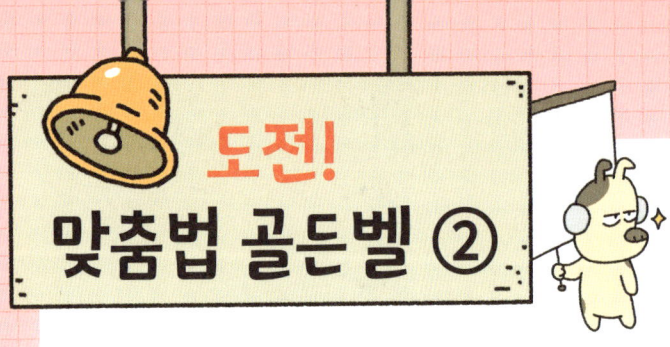

 맞춤법에 맞는 말에 V표 하세요.

산을 넘어 윗마을로 향했어요. ☐
산을 너머 윗마을로 향했어요. ☐

이게 웬 떡이야! ☐
이게 왠 떡이야! ☐

쓰레기를 버리지 안았어요. ☐
쓰레기를 버리지 않았어요. ☐

경찰로서 해야 할 일입니다. ☐
경찰로써 해야 할 일입니다. ☐

말하는 대로 이루어질 거예요. ☐
말하는 데로 이루어질 거예요. ☐

내 동생은 고집장이야. ☐
내 동생은 고집쟁이야. ☐

 맞춤법에 맞는 문장에는 O표, 틀린 문장에는 X표 하세요.

이모는 연애를 하고 있어요. ⎵

이 지역을 계발한대요. ⎵

우리는 평등을 지향합니다. ⎵

출현자 여러분, 나와 주세요. ⎵

이 자리를 빌어 인사드립니다. ⎵

나의 바람을 이루어 주세요. ⎵

복숭아를 껍데기째 먹었다. ⎵

높은 산봉오리가 보여요. ⎵

오랜만에 친구를 만났어요. ⎵

그럼 난 어떡해. ⎵

앞으로 어떻게 할까요? ⎵

나는 과학자가 될 거예요. ⎵

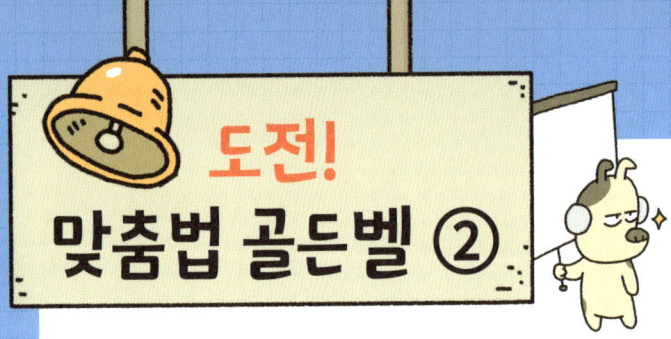

 빈칸에 들어갈 말을 알맞게 이으세요.

| 언덕에 양　가 풀을 뜯고 있어요. | • | • 떼<br>• 때 |

| 　니에 고춧가루가 끼었어요. | • | • 웃<br>• 윗 |

| 비를 맞은　서 있었어요. | • | • 채<br>• 체 |

| 하　말　마음대로 해요. | • | • 든지<br>• 던지 |

| 아직 해가 뜨지　았어요. | • | • 안<br>• 않 |

| 나는　골든벨을 울릴 거야. | • | • 반드시<br>• 반듯이 |

 받아쓰기 시험지예요. 틀린 부분을 바르게 고쳐 주세요.

○학년 ○반 ○번 **왕순남**

1. 약속 시간이 1시인지 2시인지 헷갈려요.
2. 내가 약속을 지키지 않아서 삐쳤구나.
3. 웬지 네가 안 올 것 같더라.
4. 할아버지는 대장장이입니다.
5. 선생님으로써 모범을 보여야지.
6. 나는 연예 프로그램이 재미있어.

3. 웬지 …………… ☐☐
5. 으로써 …………… ☐☐☐

ㅋㅋㅋ

# 3장
# 틀린 글자를 찾아라!
## 잘못된 글자

"여러분, 3라운드에 오신 걸 환영합니다! 이번 미션은 '잘못된 글자를 찾아라!' 입니다. 두 개의 팻말 중 하나는 틀린 글자입니다. 문제를 보고 맞춤법에 맞는 글자가 적힌 팻말로 달려가세요!"

휴, 그런데 말이야. 이건 체육대회보다 더해. 온종일 운동장을 뛰느라고 힘들어 죽겠다고. 참, 곽나리랑 노천재는 왜 안 왔지? 분명 출전한다고 했는데. 앗, 왕순남도 아직 살아남았잖아? 하긴 내 덕분에 맞춤법 공부 열심히 했을 테니까.

그나저나 제니 누나를 따라다녀야 하는데, 뒤에서 얼쩡대다가 야단맞는 건 아니겠지? 까발려진 내 일기장은 또 어쩔 거야!

# 16
# 거예요 VS 거에요

오늘 횡단보도를 건너는데, 차가 없어서 빨간불에 건넜다.

그런데 지나가던 유치생이 나한테 "형, 파란불에 건너는 거예요 / 거에요 !"라고 외쳐서, 정말 창피했다.

'거예요'를 '거에요'로 잘못 쓰는 일이 종종 있어요. '거예요'는 '거+이+~에요'로, 여기에서 '거'는 '것'을 뜻하는 의존 명사랍니다. 평소에 말할 때는 이를 줄여 '거예요'로 쓰지요. 그러니까 '거에요'는 잘못된 말입니다.

정답은 **거예요**

## ~이에요(O) vs ~예요(O) vs ~에요(X)

'~에요'는 '이다'와 '아니다' 뒤에 붙어 '~이에요', '아니에요'로 쓰여요. 그런데 '이에요'는 모음으로 끝나는 말 뒤에 쓰일 때는 '예요'로 줄여요. '지우개예요, 잘될 거예요'처럼요. 자음으로 끝나는 말 뒤에서는 '책상이에요, 공책이에요'라고 써야 해요.

가장 좋아하는 음식은 돈까스예요. 돈까스 먹으러 갈래요?

- 내가 먹고 싶은 음식은 **된장찌개예요**.
- 내가 못 먹는 음식은 **순대국이에요**.

## 봬요(O) vs 뵈요(X)

인공 지능은 돈까스 안 먹어. 충전을 하지!

'봬요'는 '뵈+어+요' 즉, '뵈어요'의 준말이에요. 그러니까 '뵈요'는 '어'가 빠진 잘못된 표현이지요. 하지만 '언제 뵈면 좋을까요?'처럼 '요'와 결합하지 않을 때는 '뵈'로 쓰지요.

- 방학 끝나고 학교에서 **뵈어요**.
- 일주일 뒤에 공항에서 **봬요**.
- 언제 **뵈면** 좋을까요?

# 17
## 할게 VS 할께

멍파고는 잔소리꾼이다. 기억력이 너무 좋아서 내가 하겠다고 한 일을 하나도 빠짐없이 기억한다. 물론 나는 "이따가 할게 / 할께." 하면서 오늘도 해야 할 일을 미루었다.

'할게'는 '할께'와 같이 된소리로 발음되지만 적을 때는 '할게'와 같이 예사소리로 적어요. 'ㄹ거나, ㄹ걸, ㄹ수록, ㄹ지, ㄹ지언정, ㄹ지라도, ㄹ수록' 등도 된소리로 발음되지만 예사소리로 적도록 정했지요.

**정답은 할게**

## ~할걸(O) VS ~할껄(X)

- 우리 반에서 국어는 내가 가장 잘할걸? (O)
- 우리 반에서 국어는 내가 가장 잘할껄? (×)

## 줄게(O) VS 줄께(X)

- 어린이날에 멋진 선물을 줄게.(O)
- 어린이날에 멋진 선물을 줄께.(×)

## 할게요(O) VS 할께요(X)

- 앞으로 제가 할게요.(O)
- 앞으로 제가 할께요.(×)

# 18 핼쑥하다 VS 핼쓱하다

할머니가 놀러 오셨다. 할머니는 나를 보면 맨날 "아이고, 얼굴이 핼쑥해 / 핼쓱해 졌네." 하신다. 신체 검사할 때 과체중이었는데, 할머니 눈에는 날씬해 보이나 보다.

정답은 **핼쑥하다**

할머니는 사랑하는 손자 어수선에게 뭐 하나라도 더 먹이고 싶으신가 봐요. '핼쑥하다'는 얼굴에 핏기가 없고 파리하다는 뜻이에요. '핼쓱하다'는 잘못된 표현이랍니다.

## 무릅쓰다(O) VS 무릎쓰다(X)

- 부끄러움을 무릅쓰고 무대에 올랐다.

'**무릅쓰다**'는 힘들고 어려운 일을 참고 견딘다는 뜻이에요. '무릎쓰다'는 잘못된 말이지만, '무릎'을 사용한다는 의미일 때는, '무릎을 쓰다'라고 표현할 수 있지요.

## 어이없다(O) VS 어의없다(X)

- 그것 참 어이없는 일이군요.

'**어이없다**'는 너무 뜻밖의 일이 일어나서 기가 막힌다는 뜻이에요. '어이'는 '어처구니'와 같은 말이지요. '어의없다'는 잘못된 말로, '어의'는 '임금의 옷' 혹은 '임금이나 왕족의 병을 치료하는 의원'을 뜻해요.

## 창피하다(O) VS 챙피하다(X)

- 어수선은 창피해서 얼굴이 빨개졌어요.

'**창피하다**'는 체면이 깎이는 일이나 아니꼬운 일을 당하여 부끄럽다는 뜻이에요. '챙피하다'는 잘못된 말입니다.

## 희한하다(O) VS 희안하다(X)

- 멍파고는 정말 희한한 재주를 가졌어요.

'**희한하다**'는 매우 드물거나 신기하다는 뜻이에요. '희안하다'는 잘못된 표현입니다.

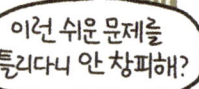

# 19
# 찌개 VS 찌게

할머니가 저녁을 푸짐하게 차려 주셨다. 오늘 메뉴는 부대 찌개 / 찌게 에 소시지 반찬. 예상은 했지만 역시 맛이 없었다. 할머니랑 살면 살이 쪽쪽 빠질 것 같다.

여러분도 '찌개'를 좋아하나요? 김치찌개, 된장찌개, 비지찌개…. 어떤 찌개를 가장 좋아하나요? 가끔 '찌개'를 '찌게'라고 잘못 쓰는 일이 있어요. 아래 단어들을 살펴보며 혹시 헷갈리는 말이 있는지 살펴보세요.

정답은 **찌개**

- 육개장(O) / 육계장(X)
- 설거지(O) / 설겆이(X)
- 메밀(O) / 모밀(X)
- 아지랑이(O) / 아지랭이(X)
- 폭발(O) / 폭팔(X)
- 돌멩이(O) / 돌맹이(X)
- 눈곱(O) / 눈꼽(X)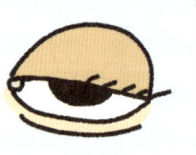

# 20
# 노란색 VS 노랑색

오늘은 곽나리의 생일이다. 곽나리는 노란색 / 노랑색 을 좋아한다. 그래서 노천재는 노란색 머리핀을, 나는 노랑 병아리를 선물했다.

정답은 **노란색**

'노란색'과 '노랑색'. 헷갈릴 때가 있지요? '노란색'이 맞습니다. 노랑, 빨강, 파랑 등은 그 자체로 색을 나타내는 명사이기 때문에 '색'을 붙이면 의미가 중복되어요. '색'을 붙일 때는 노란색, 빨간색, 파란색. 색을 뺄 경우에는 노랑, 빨강, 파랑으로 써야 한 답니다.

## 우리나라(O) VS 저희 나라(X)

· 우리나라에서는 새해에 떡국을 먹어요.

자기의 나라나 민족은 남의 나라, 다른 민족 앞에서 낮출 대상이 아니랍니다. 그래서 낮춤말인 '저희'를 써서 '저희 나라'와 같이 표현하지 않고, '우리나라' 또는 '한국'으로 써요.

## 내 거야(O) VS 내 꺼야(X)

· 식탁에 둔 딸기 아이스크림은 내 거야.

'내 거야'는 '내 꺼야'로 발음하기 때문에 잘못 쓰는 경우가 많아요. 발음은 된소리이지만, 쓸 때는 예사소리로 써야 합니다. 또한 '내 것이다'의 의미이고 여기서 '것'은 의존명사이기 때문에 띄어 써요.

## 바람(O) VS 바램(X)

· 아빠의 바람은 수선이가 건강하게 자라는 것뿐이야.

'바람'은 어떤 일이 이루어지기를 간절하게 바라는 마음으로 '바라다'의 명사형이에요. '바램'은 햇볕이나 습기를 받아 색이 변한다는 의미인 '바래다'의 명사형이므로, 위의 문장에서는 '바람'이 맞아요.

## 설렘(O) VS 설레임(X)

· 내일 체험 학습을 간다. 기분이 아주 설렘!

'설레임'은 아이스크림 이름으로 알려져 있지만 잘못된 표현이에요. 마음이 들떠서 두근거린다는 뜻의 동사는 '설레이다'가 아닌 '설레다'랍니다.

# 21
# 서슴지 VS 서슴치

오늘 선생님께서 너의 꿈은 무엇이냐고 물었다.
나는 서슴지 / 서슴치 않고 대답했다.
"건물주가 될지, 백수가 될지 정말 고민이에요."

'서슴지'와 '서슴치', 헷갈리지요? 정답은 '서슴지'입니다. 서슴지의 기본형은 '서슴다'로 결단을 내리지 못하고 망설이는 걸 뜻하는 말이랍니다. 기본형을 기억하면 헷갈리지 않겠죠?

## 정답은 서슴지

고양이는 **대개(O)** / 대게(X) 치즈를 좋아해요.

고양이가 치즈를 **날름(O)** / 낼름(X) 먹었어요.

고양이가 치즈를 **통째(O)** / 통채(X) 삼켰어요.

고양이에게 준 치즈가 **금세(O)** / 금새(X) 줄었어요.

# 22 도긴개긴 VS 도찐개찐

오늘은 멍파고의 빅데이터를 이용해 노천재와 나의 얼굴 점수를 매겨 보았다. 점수가 동점이 나왔는데, 그걸 보고 멍파고가 "도긴개긴 / 도찐개찐 이네." 라고 했다. 무슨 말인지 몰랐지만 그냥 넘어갔다.

정답은
## 도긴개긴

'도긴개긴'은 약간의 차이는 있지만, 결과적으로 별 차이가 없을 때 쓰는 말이에요. 윷놀이에서 유래한 말로 '도'나 '개'나 앞서가는 말을 잡는 데 큰 차이가 없다는 뜻이지요. '긴'은 남의 말을 쫓아 잡을 수 있는 거리를 뜻해요. 비슷한 뜻의 고사성어로 '오십보백보(五十步百步)'가 있어요.

## 야반도주(O) VS 야밤도주(X)

**야반도주(夜半逃走)** : 남의 눈을 피해 한밤중에 도망친다는 뜻으로 허겁지겁 내빼는 모습을 비유하는 말이에요. '야반'은 밤의 반, 그러니까 한밤중이라는 뜻이지요. '깊은 밤'이란 뜻의 '야밤'과 혼동하여 '야밤도주'라고 쓰는 일이 잦지만, 이는 틀린 말이에요.

*밤에 도망친다길래 야밤인 줄 알았어*

## 일사불란(O) VS 일사분란(X)

**일사불란(一絲不亂)** : 한 오라기 실도 엉키지 않았다는 뜻으로 '조금도 흐트러지지 아니함'을 이르는 말이에요. '일사분란'은 잘못된 표현입니다.

## 풍비박산(O) VS 풍지박산(X)

**풍비박산(風飛雹散)** : 한자 뜻을 살펴보면, '바람 풍', '날 비', '우박 박', '흩어질 산'으로 바람이 날고, 우박이 흩어진다는 뜻이에요. 말 그대로 모든 것이 사방으로 흩어진 상황이지요. 한자 뜻을 알고 보면, 헷갈리지 않겠죠?

*눈동자만 그려 넣으면 명작 탄생이다!*

## 화룡점정(O) VS 화룡정점(X)

**화룡점정(畵龍點睛)** : 용을 그리고 난 뒤, 마지막으로 눈동자를 그렸더니 용이 진짜 용이 되어 하늘로 날아올랐다는 옛 이야기에서 유래한 고사성어예요. 어떤 일에서 가장 중요한 부분을 완성했을 때 쓰는 말이지요.

# 23 알나리깔나리 VS 얼레리꼴레리

오늘 민지가 나에게 초콜릿을 주었다. 왕순남은 "알나리깔나리 / 얼레리꼴레리 좋아한대요!"라며 무척 좋아했다. 그 바람에 민지가 울어서 왕순남이 선생님께 혼났다. 뭔가 우울한 날이다.

'알나리깔나리'는 아이들이 남을 놀릴 때 쓰는 말이에요. '알나리'는 어린 나이에 벼슬한 아이를 놀리는 말로 쓰였었는데, 여기에 리듬을 맞추기 위한 '깔나리'가 붙었지요. 현재는 '얼레리꼴레리'나, '얼레꼴레리'가 더 많이 쓰이고 있지만, 원칙적으로는 잘못된 표현입니다.

## 정답은 알나리깔나리

## 수군수군(O) VS 수근수근(X)

· 어수선이 나타나자 교실이 수군수군 시끄러워졌어요.

'수군수군'은 남이 알아듣지 못하도록 낮은 목소리로 가만가만 이야기하는 걸 뜻해요.

## 별의별(O) VS 벼라별(X)

· 별의별 생각이 다 들어 잠을 이루지 못했다.

'별의별'은 '보통과 다른 갖가지'라는 뜻으로 '별별'과 같은 말이에요.

*별의별 별이 다 있구나!*

## 하마터면(O) VS 하마트면(X)

· 하마터면 큰일 날 뻔했어요.

조금만 잘못하였더라면 위험했을 상황을 겨우 벗어났을 때 쓰는 말이에요.

## 성대모사(O) VS 성대묘사(X)

· 멍파고는 성대모사를 잘해요.

다른 사람의 목소리나 새, 짐승 따위의 소리를 흉내 내는 것을 뜻해요.

이럴 수가! 제니 누나와 부학생회장 형이 떨어지고 내가 살아남다니.

"누나, 제가 '알나리깔나리'라고 했잖아요!"

"와, 난 진짜 '얼레리꼴레리'인 줄 알았어. 평소에 그렇게 쓰잖아. 내가 뭘 믿고 너를 따라가겠니? 아무튼 나는 여기서 탈락! 대회 우승은 후배들에게 양보하고 난 떡볶이나 먹으러 갈래."

그러자 부학생회장 형이 눈을 반짝이며 물었어요.

"저, 제니! 나도 떡볶이 먹으러 가도 돼? 내가 진짜 맛있는 떡볶이 집 알고 있는데…."

제니 누나는 매달리는 부학생회장 형이 안쓰러웠는지 앞장서라고 했어. 형 얼굴에 웃음꽃이 함박 피었지. 사실 나도 배가 너무 고파서 쫓아가고 싶지만, 골든벨을 팽개칠 순 없지! 이왕 올라온 거 정말 최선을 다할 거야. 그나저나 노천재랑 곽나리는 정말 안 온 건가? 나의 영광스런 순간을 친구들이 봐야 하는데….

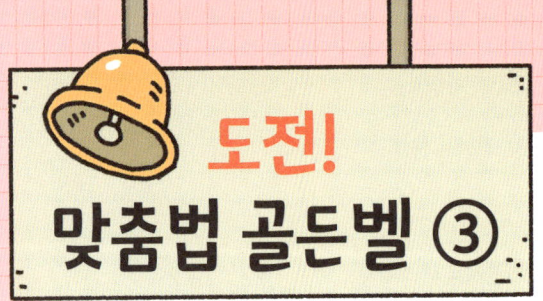

# 도전! 맞춤법 골든벨 ③

 맞춤법에 맞는 말에 V표 하세요.

반드시 승리할 거예요. ☐
반드시 승리할 거에요. ☐

앞으로는 청소를 다 할께요. ☐
앞으로는 청소를 다 할게요. ☐

감기 걸려서 얼굴이 핼쑥해요. ☐
감기 걸려서 얼굴이 핼쓱해요. ☐

아침에 된장찌게를 먹었어요. ☐
아침에 된장찌개를 먹었어요. ☐

빨간색 풍선을 불어 주세요. ☐
빨강색 풍선을 불어 주세요. ☐

서슴지 말고 달려 오세요. ☐
서슴치 말고 달려 오세요. ☐

맞춤법에 맞는 문장에는 O표, 틀린 문장에는 X표 하세요.

둘 다 노래 실력이 도긴개긴이다. ⬜

오늘 입을 옷은 원피스에요. ⬜

그럼 다음 주에 뵈요. ⬜

어제 놀지 말고 시험 공부 할껄. ⬜

보드게임을 선물로 줄게요. ⬜

반대를 무릎쓰고 시작했어요. ⬜

어의가 없어서 말문이 막혔어요. ⬜

너무 챙피해서 도망쳤어요. ⬜

정말 희한하게 생긴 인형이다. ⬜

육개장을 먹으니 힘이 나요. ⬜

아빠가 설겆이를 하셨어요. ⬜

시원한 메밀 국수가 먹고 싶어요. ⬜

 빈칸에 들어갈 말을 알맞게 이으세요.

| 가 피어 올랐습니다. | • | • 아지랑이<br>• 아지랭이 |

| 범인이          를 했어요. | • | • 야반도주<br>• 야밤도주 |

| 작은          를 주워 공기를 했어요. | • | • 돌멩이<br>• 돌맹이 |

| 집안이          하고 말았습니다. | • | • 풍비박산<br>• 풍지박산 |

|          을 떼다. | • | • 눈꼽<br>• 눈곱 |

| 너의          대로 열심히 운동할게. | • | • 바람<br>• 바램 |

받아쓰기 시험지예요. 틀린 부분을 바르게 고쳐 주세요.

○학년 ○반 ○번 **왕순남**

1. 갈매기가 과자를 날름 먹었습니다.
2. 강아지는 대게 사람을 좋아합니다.
3. 큰 폭발이 일어나서 사람이 다쳤습니다.
4. 눈곱도 떼지 못한 채 나왔어요.
5. 하마터면 못 만날 뻔했어요.
6. 가게에는 벼라별 장난감이 많았어요.

2. 대게 ┄┄┄ ☐☐
6. 벼라별 ┄┄┄ ☐☐☐

별의별 별이 다 있구나!

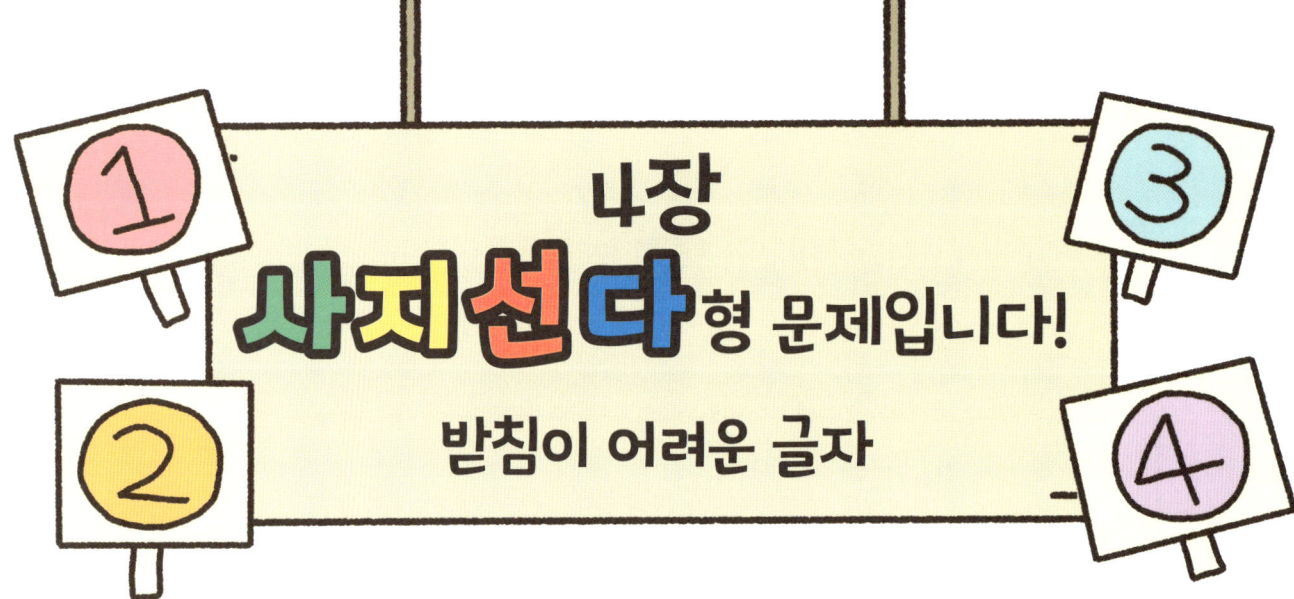

# 4장
# 사지선다형 문제입니다!
## 받침이 어려운 글자

"자, 이제 최후의 10인이 남았습니다. 지금부터는 강당에서 본격적인 퀴즈가 진행됩니다."

이것이 꿈이야, 생시야~! 내가 마지막 10명에 꼽히다니 정말 오래 살고 볼 일이야. 내가 벙글거리며 강당으로 이동할 때, 누군가 나에게 어깨동무를 해 왔지. 모자를 푹 눌러쓴 친구와 마스크를 쓴 친구였어.

"저, 누구신지? 저를 아시나요?"

"어수선! 우리야, 우리. 곽나리랑 노천재라고."

"엥? 뭐야, 왜 얼굴을 다 가렸어? 그렇게 자신이 없는 거야."

그러자 곽나리는 팔짱을 끼고 말했어.

"내가 누구니. 작년 우승자 곽나리란 말이야. 애들이 나만 쫓아다닐 게 분명한데, 변장은 필수지! 덕분에 아무도 나를 쫓아다니지 않았다고."

"우아, 곽나리 반가워~. 이제부터 너만 쫓아다녀야지!"

"무슨 소리야. 4라운드부터는 사지선다형 문제라서 누굴 따라다닐 수가 없다고. 몰랐니?"

이제부터 나리만 따라다니면 되겠어!

# 24 사이시옷이 들어가는 말

문제 나갑니다!

두 낱말이 합쳐져 한 낱말을 이룰 때, ㅅ받침을 넣는 낱말들이 있어요. 이때 낱말 사이에 들어가는 ㅅ을 **사이시옷**이라고 해요.
다음 중 틀린 낱말을 골라 보세요.

① 바람에 나 뭇 가 지 가 흔들려요.

② 바람이 콧 구 멍 을 간질여요.

③ 바람을 타고 비 누 방 울 이 날아가요.

④ 바람에 촛 불 이 꺼졌어요.

큰일이야! 곽나리 팻말이 보이지 않아!

에라, 모르겠다. 모르면 3번!

정답은 ③

사이시옷은 왜 쓰는 걸까요? 예를 들어 '나루'와 '배'를 합쳐서 말을 만들면 '나루배'가 되는데, 읽으면 '나루빼'라고 소리가 나요. 표기와 소리가 일치하지 않지요? 이럴 때 표기와 소리를 최대한 일치시키기 위해 사이시옷을 넣게 되었답니다. '나룻배', '뒷산'처럼 말이에요.

귓속말

빗자루

뒷산

등굣길

바윗돌

빗물

시냇가

찻잔

# 25
# ㅎ받침이 들어가는 말

받침 중 'ㅎ' 받침이 들어가는 말은 헷갈릴 때가 종종 있어요. 다음 중 틀린 말이 들어간 문장을 고르세요.

① 우리집 개가 새끼를 낳았어요.
② 늦잠을 자서 기차를 놓쳤어요.
③ 네가 어떠케 이럴 수 있니!
④ 동그랑게 입김을 불었어요.
⑤ 어머니가 알약을 빻아 주셨어요.

정답은 ③

'낳다'는 '나타'라고 읽어요. 이렇게 'ㅎ' 받침이 'ㄷ'을 만나면 센소리인 'ㅌ'으로 소리 나지요. 'ㄱ', 'ㅈ'을 만나도 같은 이치로 'ㅋ', 'ㅊ'으로 읽는답니다.

넣다

놓다

닿다

쌓다

빨갛다

하얗다

파랗다

# 26
# ㄴㅈ, ㄴㅎ, ㅂㅅ 받침이 들어가는 말

다음 문장에서 **틀린** 말을 고르세요.

오늘 짝이 바뀌어서 내 옆자리에 어수선이 ① 앉았다. 어수선은 좋은 친구 같다. 나는 말이 ② 없는 편인데, 말도 ③ 마니 걸어 주었다. ④ 끊임없이 장난도 걸었다. 운영하고 있는 유튜브 방송도 보여 줬다.

**정답은 ③**

받침은 '쌓다'처럼 자음자가 한 개인 것도 있고, '갔다'처럼 같은 자음자가 두 개인 받침도 있어요. '많다', '없다'처럼 서로 다른 두 개의 자음자로 이루어진 받침도 있지요. 이럴 경우 자음자 받침 중 하나를 빼먹지 않도록 주의해야 해요.

## 토요 명화 소개 ★주연 : 멍파고★

**숟가락만 얹을게**

**값비싼 베이비**

**강아지에게 내일은 없다**

**적잖이 왔수다**

**적잖이** : 적지 않은 수나 양을 가리켜요.

# 27
# ㄹㄱ, ㄹㅁ 받침이 들어가는 말

학교에서 키우는 ① 닭 이 ② 굵 은 알을 낳았다. 어수선은 아침을 ③ 굶 멋 다 며 날달걀을 먹겠다고 우겼지만, 나는 건강을 생각해 ④ 삶 아 먹어야 한다고 했다. 참 잘한 것 같다.

'ㄹㄱ' 받침이 들어 있는 말은 '맑다, 밝다, 묽다, 읽다, 붉다' 등 참 많아요. 'ㄹㄱ'받침이 자음자와 만나면 'ㄱ'만 소리 나는데, '맑다'는 '막따', '밝다'는 '박따'로 읽지요. 'ㄹㅁ'받침은 주로 'ㅁ'으로 소리 나지만 '삶은'을 '살믄'으로 소리 내듯, 'ㄹ'로 읽을 때가 있어요.

## 정답은 ③

- 아빠는 나이에 비해 젊어 보여요.
- 아빠는 나이에 비해 늙어 보여요.
- 전등을 갈았으니 아주 밝을 거예요.
- 별이 떴으니 내일은 아주 맑을 거예요.
- 오늘은 책을 읽지 않을 거예요.
- 똑 닮은 쌍둥이가 태어났어요.
- 의사가 환자를 응급실로 옮겼어요.

어느쪽이냐!

# 28
# ㄼ, ㅀ, ㄻ 받침이 들어가는 말

다음 문장에서 틀린 말을 고르세요.

어수선이 내가 준 생일 선물을 교실 쓰레기통에 버렸다. ① 떫은 감을 씹은 것처럼 마음이 아프다. 어수선은 ② 잃어버렸다고 둘러댔지만, 나는 그렇게 마음이 ③ 널찌 않다. 앞으로는 어수선을 ④ 싫어 할 거다.

## 정답은 ③

'ㄼ', 'ㅀ', 'ㄻ'처럼 서로 다른 두 개 받침을 겹받침이라고 해요. '넓다'처럼 말의 끝이나 자음자 앞에 'ㄼ'이 올 때는 'ㄹ'로 소리가 나므로 '널따'라고 읽어요. '넓은'처럼 모음자 앞에 올 때는 'ㄹ'과 'ㅂ'이 모두 소리가 나므로 '널븐'이라고 읽지요.

### ㄼ
- 발을 밟다
- 색이 엷다
- 옷이 얇다
- 팔이 짧다

### ㅀ
- 무릎을 꿇다
- 소매가 닳다
- 구멍을 뚫다
- 네 말이 옳다

## 널찍하다(O) VS 넓직하다(X)

**널찍하다** : 공간이 꽤 너르다는 뜻으로 '방이 널찍하다'처럼 방, 마당, 마루 등 실제 공간과 함께 쓰여요.

## 넓적하다(O) VS 넙쩍하다(X)

**넓적하다** : 펀펀하고 얇으면서도 꽤 넓다는 뜻으로 '넓적한 그릇', '넓적한 얼굴' 등으로 쓰여요.

4라운드가 끝나고 나는 왕순남에게 다가갔어.

"왕순남, 네가 그래서 화가 났었구나. 그런데 진짜 이상해. 내가 분명 단풍잎 10개를 책상 위에 놔 뒀거든! 그런데 화장실 갔다 왔더니 사라진 거야."

그러자 노천재가 쭈뼛거리며 말을 꺼냈지.

"저기, 얘들아. 범인은 나야. 내가 뛰어가다가 단풍잎을 떨어뜨렸는데 별 것 아닌 줄 알고 버렸거든. 미안해."

왕순남은 화가 난 듯 고개를 푹 숙인 채 서 있더니만, 노천재를 향해 또박또박 말했어.

"그랬구나. 별 것 아닌 줄 알고 노천재가 버렸구나. 내가 작년 가을에 수많은 단풍잎 중에서 가장 예쁜 것만 골라서 모은 건데, 너에게는 쓰레기로 보였구나. 뭐, 괜찮아. 집에 더 있으니까. 어수선, 내가 다시 줄게!"

그렇게 왕순남과 나의 길고 긴 오해는 끝이 났어.

그런데 말이야, 정답은 왜 계속 3번인 거지? 아무래도 멍파고가 나를 도와준 게 아닐까? 내가 모르는 건 3번으로 찍는다는 걸 알고 있으니까 말이야.

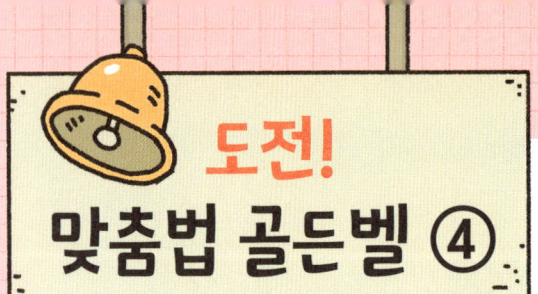

맞춤법에 맞는 말에 V표 하세요.

공원에서 비눗방울 놀이를 해요. ☐
공원에서 비누방울 놀이를 해요. ☐

나뭇가지를 주워 주세요. ☐
나무가지를 주워 주세요. ☐

등곳길에 어수선을 만났어요. ☐
등교길에 어수선을 만났어요. ☐

귀속말 좀 그만해. ☐
귓속말 좀 그만해. ☐

천장에서 비물이 떨어져요. ☐
천장에서 빗물이 떨어져요. ☐

시원한 시냇가에 가서 놀아요. ☐
시원한 시내가에 가서 놀아요. ☐

맞춤법에 맞는 문장에는 O표, 틀린 문장에는 X표 하세요.

닭이 알을 낳았다.

책상 위에 노아 주세요.

네가 어떻게 거짓말을 할 수 있니.

동그랗게 모여 이야기해요.

절구에 쌀을 빠았어요.

가방에 책을 너어 주세요.

버스를 노쳐서 지각했어요.

손가락이 닿았어요.

블록을 아주 높게 쌓았어요.

벽을 하야케 칠해 주세요.

얼굴이 빨가케 달아 올랐어요.

멍이 들어 파랗게 변했어요.

 빈칸에 들어갈 말을 알맞게 이으세요.

| | |
|---|---|
| 　　　　학생이 대회에 참가했어요. | • 많은<br>• 마는 |
| 의자에 　　　 기다려 주세요. | • 안자서<br>• 앉아서 |
| 그림이 비싼 　　 에 팔렸어요. | • 값<br>• 갑 |
| 밥 위에 달걀프라이를 　　　. | • 언졌다<br>• 얹었다 |
| 병아리를 잘 키워 　　 이 되었어요. | • 닭<br>• 닥 |
| 더 　　 밧줄이 필요해요. | • 굵은<br>• 굴근 |

받아쓰기 시험지예요. 틀린 것을 바르게 고쳐주세요.

○학년 ○반 ○번 **왕순남**

1. 오늘은 돼지고기를 삶아 먹었어요.
2. 도서관에서 책을 열심히 일겄어요.
3. 나와 닮은 사람을 만났어요.
4. 어제 버스에서 지갑을 일어버렸다.
5. 옷이 얇아서 너무 추웠어요.
6. 아주 넓적한 그릇이 필요해요.

문제를 맞히면 사탕을 주마!

2. 일겄어요 ┈┈┈ ☐ ☐ ☐ ☐
4. 일어버렸다 ┈┈┈ ☐ ☐ ☐ ☐ ☐

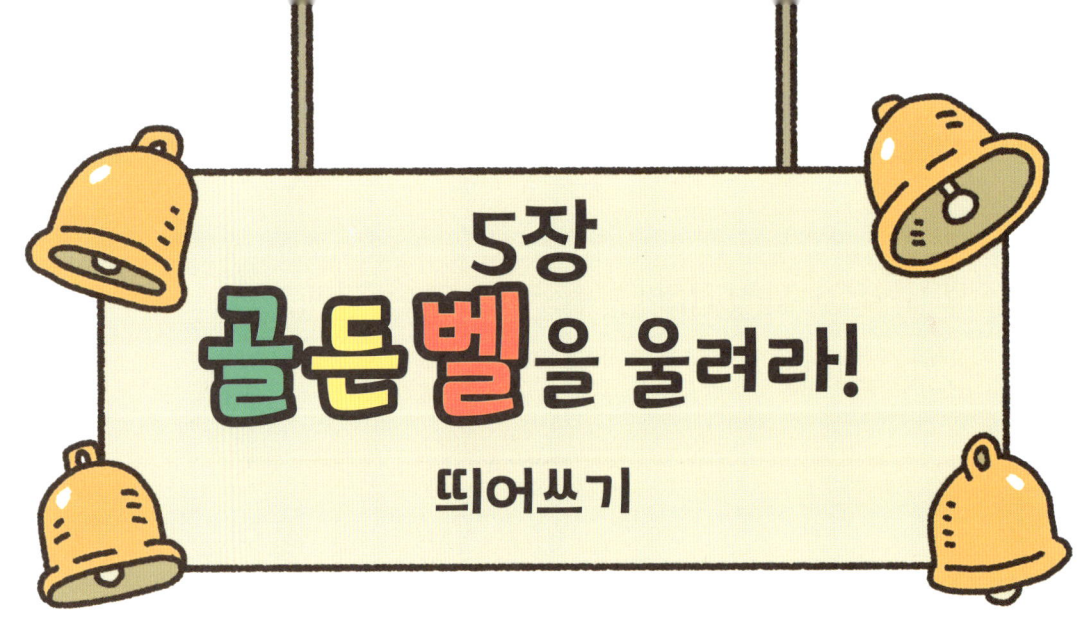

# 5장 골든벨을 울려라!
## 띄어쓰기

"자, 최후의 4인! 과연 골든벨의 주인공은 누가 될 것인가! 자, 여러분! 마지막까지 최선을 다해 주세요. 이번 라운드는 어린이도 어른도 어려워하는 바로 바로 띄어쓰기입니다!"

흐흐, 내가 탑4에 뽑혔어! 곽나리, 스미스, 왕순남, 그리고 나. 아, 정말 쟁쟁한 경쟁자들을 뚫고 내가 살아남은 거야.

"마지막 라운드는 문제 출제 전에, 힌트가 주어집니다. 멍파고의 설명을 잘 듣는다면 문제를 푸는 데 큰 도움이 될 거예요! 자, 멍파고! 부탁해요~."

# 띄어쓰기는 왜 필요할까?

**띄어쓰기** 란 규범에 따라 각 낱말을 띄어 쓰는 것입니다. 띄어쓰기를 바르게 해야 자신이 전하고자 하는 뜻을 정확하게 전할 수 있답니다.
다음 두 문장을 비교해 볼까요?

할머니가 V 죽을 V 드신다.
할머니 V 가죽을 V 드신다.

똑같은 문장이지만, 띄어쓰기에 따라 의미가 달라집니다. 낱말은 공통된 성질에 따라 명사, 대명사, 수사, 조사, 동사, 형용사, 관형사, 부사, 감탄사로 나뉘어요. 이를 품사라고 한답니다. 품사를 알면, 띄어쓰기를 더욱 잘 이해할 수 있어요.

품사를 알면 띄어쓰기가 좀 더 쉬워져요. 그럼 지금부터 낱말의 종류를 나누어 볼까요? 우선 명사, 대명사, 수사, 조사부터!

### 名 명사 – 이름을 나타내는 낱말

'명'은 이름이란 뜻을 가진 한자예요. 사람이나 사물의 이름을 나타내는 낱말로 어수선, 곽나리, 사과, 연필, 사랑, 우정 같은 것들이지요.

### 代 대명사 – 이름을 대신하여 가리키는 낱말

'대'는 대신한다는 뜻이에요. 사람, 사물, 장소의 이름을 대신하여 가리키는 낱말을 말해요. 사람의 이름을 대신하는 대명사는 '나, 너, 그, 우리' 등이 있고, 사물의 이름을 대신하여 가리키는 대명사는 '이것, 저것, 그것' 등이 있어요. 그리고 장소의 이름을 대신하는 대명사는 '여기, 저기, 거기' 등이 있지요.

### 數 수사 – 수량이나 순서를 가리키는 낱말

'수'는 숫자라는 뜻이에요. 수사란 수량이나 순서를 가리키는 낱말을 말해요. 수량을 가리키는 수사에는 '하나, 둘' 등이 있고, 순서를 가리키는 수사에는 '첫째, 둘째' 등이 있어요.

### 助 조사 – 도와주는 낱말

'조'는 돕는다는 뜻이에요. 조사는 주로 명사, 대명사, 수사 등의 뒤에 붙어서 다른 말과의 관계를 나타내거나 특별한 뜻을 더해 주는 역할을 해요.

# 29 품사를 이해해요!

다음 문장에서 **명사**를 골라 적어 보세요.

총 6개

어수선은 오늘 아침에 잼을 바른 식빵과 달걀프라이를 맛있게 먹었습니다.

뭐야? 너무 쉽잖아!
피식~

오! 나도 식빵 좋아해!

아침은 명사겠지? 보이지 않는 사랑도 명사니까.

사람과 사물의 이름이 명사니까 어수선은 확실히 명사겠군.

정답은 **어수선, 오늘, 아침, 잼, 식빵, 달걀프라이**!
자, 이어서 품사에 대해 알아볼까요?
동사, 형용사, 관사, 부사, 감탄사까지!

## 動 동사 – 움직임을 나타내는 낱말

'동'은 움직인다는 뜻이에요. 사람이나 사물의 움직임을 나타내는 낱말을 말해요. '달리다, 노래하다, 공부하다' 같은 말이 동사에 속해요.

## 形 형용사 – 상태나 성질을 나타내는 낱말

'형'은 모양을 뜻해요. 사람이나 사물의 상태나 성질을 나타내는 낱말이지요. 예를 들어 '착하다, 예쁘다, 부지런하다, 빨갛다' 같은 말이 있어요.

## 冠 관형사 – 명사, 대명사, 수사 등을 꾸며 주는 낱말

'관'은 머리에 쓰는 물건을 말해요. 관이 몸을 꾸미는 데 쓰이는 것처럼, 관형사도 꾸미는 역할을 해요. '옛, 온갖, 모든, 여러, 이, 그, 저' 등이 관형사예요.

## 副 부사 – 동사, 형용사 등을 꾸며 주는 낱말

'부'는 머리꾸미개를 말해요. 부가 머리를 꾸미는 데 쓰이는 것처럼, 부사도 꾸미는 역할을 해요. '일찍, 빨리, 잘, 매우, 더욱, 아직, 반짝반짝' 등이 부사에 속해요.

## 感歎 감탄사 – 놀람, 느낌, 부름, 대답을 나타내는 낱말

'감탄사'라는 말을 글자 그대로 풀이하면 '느끼어 저절로 나오는 말'이라는 뜻이에요. '어머, 앗, 예, 응' 같은 말처럼 놀람, 느낌, 부름이나 대답을 나타내는 말을 감탄사라고 하지요.

# 30
# 낱말은 띄어 써요!

정답은
곽나리는∨오늘∨점심에∨쌀밥∨두∨공기를∨먹었습니다.

### 원칙 1  대부분의 낱말은 띄어 쓰지만 조사는 붙여 써요!

- 도둑이 들었다.
  - 이/가 : 주어의 자격을 나타내는 조사

- 도둑이 돈과 보석을 훔쳐 갔다.
  - 와/과, 랑 : 낱말과 낱말을 이어 주는 조사
  - 을/를 : 동작의 대상이나, 장소, 재료 등을 나타내는 조사

- 도둑이 옷까지 훔쳐 갔다.
  - 도, 만, 까지 : 특별한 뜻을 더해 주는 조사

### 원칙 2  낱말이 합쳐져 하나가 된 낱말은 붙여 써요.

- 쌀 + 밥 = 쌀밥
- 논 + 밭 = 논밭
- 눈 + 물 = 눈물
- 지름 + 길 = 지름길
- 이슬 + 비 = 이슬비

# 31
# 의존 명사 띄어쓰기

혼자 쓰일 수 없고, 꾸며 주는 말이 있어야만 하는 명사가 있어요. '것, 뿐, 수, 만큼, 데' 등이 있지요.
이런 말들도 띄어 써요.
다음 중 띄어쓰기가 틀린 것을 찾아보세요.

① 곽나리는 ∨아는 ∨것이 ∨많다.
② 스미스는 ∨덩치가 ∨큰 ∨만큼 ∨많이 ∨먹는다.
③ 왕순남은 ∨가던데만 ∨간다.
④ 어수선은 ∨골든벨을 ∨울릴 ∨수 ∨있다.
⑤ 멍파고는 ∨잘생겼을 ∨뿐 ∨아니라 ∨똑똑하다.

정답은 ③

'뿐'은 의존 명사이지만, 조사로 쓰일 때도 있어요. '그저 웃을 뿐이었다.'처럼 의존 명사로 쓰일 때는 앞말과 띄어 쓰고, '가진 것은 이것뿐이다.'처럼 조사로 쓰일 때는 앞말과 붙여 써요.

### 원칙 3 의존 명사는 앞말과 띄어 써요.

· 내가 건강한 건 야채를 좋아하기 때문 이야.

· 모든 것은 마음먹기 나름 입니다.

· 말하는 대로 꼭 이루어질 거예요.

· 사람들이 모른 척 을 하고 가 버렸어요.

· 하마터면 다시 못 볼 뻔 도 했지요.

· 결국 아무것도 하지 못한 채 로 끝났어요.

역시 계속하고 있던 유튜브를 계속해서 100만 유튜버가 되자!

그래! 말하는 대로 이루어진다고 했어. 왠지 될 것 같다!

그러게, 모든 것은 마음먹기 나름이라고.

# 32 단위 띄어쓰기

단위를 나타내는 말도 의존 명사예요.
그래서 기본적으로 앞말과 띄어 써요.
다음 중 띄어쓰기가 틀린 것을 찾아보세요.

① 사과나무 V한 V그루를 V심었어요.
② 강아지 V세 V마리를 V키웠어요.
③ 책 V백권을 V읽었어요.
④ 엄마한테 V천 V원을 V받았어요.
⑤ 신발 V한 V켤레를 V샀어요.

**정답은 ③**

'권', '원' 등 단위를 나타내는 말은 앞말과 띄어 써요. '및', '내지' 등 단어를 나열하거나 이어 주는 말도 띄어 쓰지요.

### 원칙 4

## 단위를 나타내는 말은 띄어 써요.

- 지우개 ∨ 한 ∨ 개 만 ∨ 주세요.
- 휴지 ∨ 몇 ∨ 장 만 ∨ 뽑아 ∨ 줄래?
- 몇 ∨ 미터 ∨ 못 ∨ 가서 ∨ 넘어졌어요.

### 원칙 5 나열하거나 이어 주는 말은 띄어 써요.

- 아침 ∨ 겸 ∨ 점심
- 열 ∨ 내지 ∨ 스물
- 청군 ∨ 대 ∨ 백군
- 선생님 ∨ 및 ∨ 학생

# 33 이름 띄어쓰기

성과 이름은 붙여 써요. 직업이나 신분 등 이름 뒤에 붙는 말은 띄어 써요.
다음 중 띄어쓰기가 잘못된 것을 찾아보세요.

① 어수선 ∨학생을 ∨소개합니다.
② 어수선 ∨박사를 ∨소개합니다.
③ 어수선군을 ∨소개합니다.
④ 어수선 ∨장군을 ∨소개합니다.
⑤ 어수선 ∨선생님을 ∨소개합니다.

정답은 ③

이름은 붙이고, 직함은 떼요!

**원칙 6** 성과 이름은 붙여 써요.

**원칙 7** 이름 뒤에 붙는 직업이나 직함은 띄어 써요.

- 이순신 장군은 한 번도 패배하지 않았어요.
- 세종 대왕은 한글을 만드셨어요.
- 백범 김구 선생은 독립운동을 이끌었어요.
- 김연아 선수가 금메달을 땄어요.
- 봉준호 감독이 상을 받았어요.

# 34 마지막 문제

다음은 내가 보내는 편지예요.
이 글에서 **띄어쓰기가 잘못된** 부분 세 군데를 찾아보세요!

안녕, 나는 멍파고야.

맞춤법 문제를 열심히 풀어 줘서 고마워.

받아쓰기 20점에 빛나는 어수선이

결승까지 올라오다니 정말 뿌듯하다.

곽 나리는작년에 이어 올해도 우승을 차지할까?

왕순남은 맞춤법을 잘 아니까 앞으로도

잘못된 글자를 콕콕 짚어 주는 댓글을 잘 달아 줘.

스미스는 외국인인데도 여기까지 올라오다니, 정말 대단해!

모두 맞춤법 공부열심히 하자! 우리말을 아끼고 사랑하자!

안녕, 나는 멍파고야.

맞춤법 문제를 열심히 풀어 줘서 고마워.

받아쓰기 20점에 빛나는 어수선이

결승까지 올라오다니 정말 뿌듯하다.

곽 나리는 작년에 이어 올해도 우승을 차지할까?

왕순남은 맞춤법을 잘 아니까 앞으로도

잘못된 글자를 콕콕 짚어 주는 댓글을 잘 달아 줘.

스미스는 외국인인데도 여기까지 올라오다니, 정말 대단해!

모두 맞춤법 공부 열심히 하자! 우리말을 아끼고 사랑하자!

역시 우승은 곽나리가 차지했어. 왕순남이 2등, 그리고 내가 3등. 정말 믿을 수 없는 결과야! 맞춤법에 대해 많은 것을 알게 된 소중한 시간이었어. 유튜브 자막 쓰는 것도 이제 자신 있어!

더 중요한 건 왕순남과 화해한 거야. 그나저나 멍파고는 이 모든 결말을 알고 나에게 '맞춤법 골든벨'에 출전하라고 한 걸까? 아무튼 맞춤법 실력을 키워 주고, 잃어버린 우정을 찾게 해 준 멍파고, 정말 고마워!

 밑줄 친 낱말에 알맞은 품사를 찾아 선으로 이으세요.

나는 초등학교에 다니는 <u>학생</u>입니다. • • 수사

<u>이것</u>은 처음 먹어 보는 음식입니다. • • 대명사

우리 아빠는 올해 <u>마흔</u> 살이 되셨어요. • • 명사

어수선은 최선을 다해 <u>달렸어요</u>. • • 형용사

하늘을 바라보니 구름이 <u>아름다워요</u>. • • 동사

<u>나</u><u>는</u> 과일을 정말 좋아해요. • • 조사

바르게 띄어 쓴 문장을 찾아 V표 하세요.

왕순남이 V 책을 V 읽어요. ☐
왕순남이책을 V 읽어요. ☐

아빠랑 V 시장에 V 갔어요. ☐
아빠랑 V 시장에갔어요. ☐

김미영 V 선생님, V 안녕하세요? ☐
김미영선생님, V 안녕하세요? ☐

나는 V 충무공 V 이순신장군을 V 존경해요. ☐
나는 V 충무공 V 이순신 V 장군을 V 존경해요. ☐

연필 V 세 V 자루 V 주세요. ☐
연필 V 세자루 V 주세요. ☐

가게에서 V 사과 V 다섯 V 개를 V 샀어요. ☐
가게에서 V 사과 V 다섯개를 V 샀어요. ☐

 바르게 띄어 쓴 문장을 찾아 V표 하세요.

맛있는 V 것을 V 드릴게요. ☐
맛있는것을 V 드릴게요. ☐

나는 V 요리를 V 할수 V 있어요. ☐
나는 V 요리를 V 할 V 수 V 있어요. ☐

컴퓨터는 V 쓸 V 줄 V 몰라요. ☐
컴퓨터는 V 쓸줄 V 몰라요. ☐

공부한 V 만큼 V 최선을 V 다할뿐입니다. ☐
공부한 V 만큼 V 최선을 V 다할 V 뿐입니다. ☐

한국대 V 일본의 V 경기가 V 펼쳐집니다. ☐
한국 V 대 V 일본의 V 경기가 V 펼쳐집니다. ☐

딸기와 V 귤, V 사과등을 V 먹어요. ☐
딸기와 V 귤, V 사과 V 등을 V 먹어요. ☐

밑줄 친 부분의 띄어쓰기가 맞는 문장에는 O표, 틀린 문장에는 X표 하세요.

<u>1반과 2반이</u> 축구 경기를 해요. ........

<u>각도기 및 컴퍼스를</u> 준비하세요. ........

오늘은 전국에 <u>비가내립니다</u>. ........

나는 올해 <u>열살이</u> 되었어요. ........

<u>먹을 만큼만</u> 가져가세요. ........

창문을 <u>활짝 열어</u> 주세요. ........

곽나리 <u>열심히공부했어요</u>. ........

아주 <u>예쁜나비를</u> 보았어요. ........

<u>그 사람은</u> 바로 어수선이었다. ........

밥을 먹고 나니 <u>힘이나요</u>. ........

<u>상쾌한바람이</u> 불어요. ........

너는 <u>잘할 수 있어</u>! ........

# 1장 정답

## 도전! 맞춤법 골든벨 ①

🔔 맞춤법에 맞는 말에 V표 하세요.

- 선생님이 한국사를 가르쳐요. ✓
- 선생님이 한국사를 가리켜요. ☐

- 우리 집 개가 새끼를 낳았어요. ✓
- 우리 집 개가 새끼를 나았어요. ☐

- 봉투에 우표를 부쳤어요. ☐
- 봉투에 우표를 붙였어요. ✓

- 할아버지가 도자기를 빚어요. ✓
- 할아버지가 도자기를 빗어요. ☐

- 버스에서 지갑을 잊어버렸어요. ☐
- 버스에서 지갑을 잃어버렸어요. ✓

- 내 방은 아주 작아요. ✓
- 내 방은 아주 적어요. ☐

🔔 맞춤법에 맞는 문장에는 O표, 틀린 문장에는 X표 하세요.

- 몸무게를 조금 더 늘려야 해요. O
- 분홍 드레스를 꼼꼼하게 다려요. O
- 축구를 하다 다리를 다쳤어요. O
- 나무꾼이 지게를 맸어요. X
- 커다란 곰인형을 갖고 싶어요. X
- 친구 집을 걷혀서 집으로 갔어요. X
- 수직선을 길게 늘여 그리세요. O
- 간장을 다리면 맛이 좋아져요. O
- 약국 문이 닫쳐 있어요. X
- 화살이 과녁을 맞혔어요. X
- 비를 맞아서 감기가 들었어요. O
- 줄을 튼튼하게 맸어요. O

## 도전! 맞춤법 골든벨 ①

🔔 빈칸에 들어갈 말을 알맞게 이으세요.

- 엄마는 나를 등에 ___ . • 엎었어요. / • 업었어요.
- 생선을 ___ 오래 보관해요. • 저려 / • 절여
- 마지막까지 마음을 ___ . • 졸였어요. / • 조렸어요.
- 할머니는 지팡이를 ___ 다녀요. • 짚고 / • 집고
- 한밤중에 컹컹 개가 ___ . • 짖어요. / • 짓어요.
- 절구에 쌀을 넣고 콩콩 ___ . • 찧었어요. / • 찢었어요.

🔔 받아쓰기 시험지예요. 틀린 부분을 바르게 고쳐 주세요.

○학년 ○반 ○번 어수선

1. 뜨거운 우유를 시켜서 마셨어요.
2. 종이 봉투를 벌려 주세요.
3. 눈부시게 아름다운 보석이에요.
4. 달빛이 골목길을 비쳤어요.
5. 몬스터 카드가 몇 장인지 새었어요.
6. 우리는 조용히 의자에 앉았어요.

1. 시켜서 → 식혀서
5. 새었어요 → 세었어요

# 2장 정답

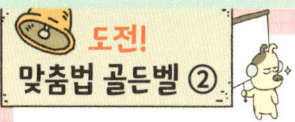 도전! 맞춤법 골든벨 ②

🎒 맞춤법에 맞는 말에 V표 하세요.

산을 넘어 윗마을로 향했어요. ✓
산을 너머 윗마을로 향했어요. ☐

이게 웬 떡이야! ✓
이게 왠 떡이야! ☐

쓰레기를 버리지 안았어요. ☐
쓰레기를 버리지 않았어요. ✓

경찰로서 해야 할 일입니다. ✓
경찰로써 해야 할 일입니다. ☐

말하는 대로 이루어질 거예요. ✓
말하는 데로 이루어질 거예요. ☐

내 동생은 고집장이야. ☐
내 동생은 고집쟁이야. ✓

🎒 맞춤법에 맞는 문장에는 O표, 틀린 문장에는 X표 하세요.

이모는 연애를 하고 있어요. O
이 지역을 계발한대요. X
우리는 평등을 지향합니다. O
출현자 여러분, 나와 주세요. X
이 자리를 빌어 인사드립니다. X
나의 바람을 이루어 주세요. O
복숭아를 껍데기째 먹었다. X
높은 산봉오리가 보여요. X
오랜만에 친구를 만났어요. O
그럼 난 어떡해. O
앞으로 어떻게 할까요? O
나는 과학자가 될 거예요. O

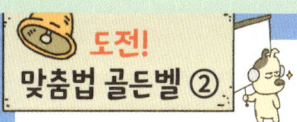 도전! 맞춤법 골든벨 ②

🎒 빈칸에 들어갈 말을 알맞게 이으세요.

언덕에 양　가 풀을 뜯고 있어요. — 때 / • 떼
니에 고춧가루가 끼었어요. — • 옷 / 윗
비를 맞은　서 있었어요. — 채 / • 체
하　말　마음대로 해요. — 든지 / • 던지
아직 해가 뜨지　았어요. — 안 / • 않
나는　골든벨을 울릴 거야. — 반드시 / • 반듯이

🎒 받아쓰기 시험지예요. 틀린 부분을 바르게 고쳐 주세요.

○학년 ○반 ○번 왕순남
1. 약속 시간이 1시인지 2시인지 헷갈려요.
2. 내가 약속을 지키지 않아서 삐쳤구나.
3. 웬지 네가 안 올 것 같더라.
4. 할아버지는 대장장이입니다.
5. 선생님으로써 모범을 보여야지.
6. 나는 연예 프로그램이 재미있어.

3. 웬지 → 왠지
5. 으로써 → 으로서

# 3장 정답

## 도전! 맞춤법 골든벨 ③

**맞춤법에 맞는 말에 V표 하세요.**

- 반드시 승리할 거예요. ✓
- 반드시 승리할 거에요. ☐

- 앞으로는 청소를 다 할께요. ☐
- 앞으로는 청소를 다 할게요. ✓

- 감기 걸려서 얼굴이 핼쑥해요. ✓
- 감기 걸려서 얼굴이 핼쓱해요. ☐

- 아침에 된장찌게를 먹었어요. ☐
- 아침에 된장찌개를 먹었어요. ✓

- 빨간색 풍선을 불어 주세요. ✓
- 빨강색 풍선을 불어 주세요. ☐

- 서슴지 말고 달려 오세요. ✓
- 서슴치 말고 달려 오세요. ☐

**맞춤법에 맞는 문장에는 O표, 틀린 문장에는 X표 하세요.**

- 둘 다 노래 실력이 도긴개긴이다. **O**
- 오늘 입을 옷은 원피스에요. **X**
- 그럼 다음 주에 뵈요. **X**
- 어제 놀지 말고 시험 공부 할껄. **X**
- 보드게임을 선물로 줄게요. **O**
- 반대를 무릎쓰고 시작했어요. **X**
- 어의가 없어서 말문이 막혔어요. **X**
- 너무 챙피해서 도망쳤어요. **X**
- 정말 희한하게 생긴 인형이다. **O**
- 육개장을 먹으니 힘이 나요. **O**
- 아빠가 설겆이를 하셨어요. **X**
- 시원한 메밀 국수가 먹고 싶어요. **O**

## 도전! 맞춤법 골든벨 ③

**빈칸에 들어갈 말을 알맞게 이으세요.**

- _____ 가 피어 올랐습니다. — 아지랑이 / 아지랭이
- 범인이 _____ 를 했어요. — 야반도주 / 야밤도주
- 작은 _____ 를 주워 공기를 했어요. — 돌멩이 / 돌맹이
- 집안이 _____ 하고 말았습니다. — 풍비박산 / 풍지박산
- _____ 을 떼다. — 눈꼽 / 눈곱
- 너의 _____ 대로 열심히 운동할게. — 바람 / 바램

**받아쓰기 시험지예요. 틀린 부분을 바르게 고쳐 주세요.**

○학년 ○반 ○번 왕순남

1. 갈매기가 과자를 날름 먹었습니다.
2. 강아지는 대게 사람을 좋아합니다.
3. 큰 폭발이 일어나서 사람이 다쳤습니다.
4. 도곱도 떼지 못한 채 나왔어요.
5. 하마터면 못 만날 뻔했어요.
6. 가게에는 벼라별 장난감이 많았어요.

| 2. 대게 | 대개 |
| 6. 벼라별 | 별의별 |

# 4장 정답

## 도전! 맞춤법 골든벨 ④

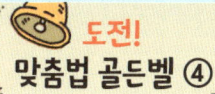

🎯 맞춤법에 맞는 말에 V표 하세요.

- 공원에서 비눗방울 놀이를 해요. ✓
- 공원에서 비누방울 놀이를 해요. ☐

- 나뭇가지를 주워 주세요. ✓
- 나무가지를 주워 주세요. ☐

- 등굣길에 어수선을 만났어요. ✓
- 등교길에 어수선을 만났어요. ☐

- 귀속말 좀 그만해. ☐
- 귓속말 좀 그만해. ✓

- 천장에서 비물이 떨어져요. ☐
- 천장에서 빗물이 떨어져요. ✓

- 시원한 시냇가에 가서 놀아요. ✓
- 시원한 시내가에 가서 놀아요. ☐

🎯 맞춤법에 맞는 문장에는 O표, 틀린 문장에는 X표 하세요.

- 닭이 알을 낳았다. → O
- 책상 위에 노아 주세요. → X
- 네가 어떻게 거짓말을 할 수 있니. → O
- 동그랗게 모여 이야기해요. → O
- 절구에 쌀을 빠았어요. → X
- 가방에 책을 너어 주세요. → X
- 버스를 노쳐서 지각했어요. → X
- 손가락이 닿았어요. → O
- 블록을 아주 높게 쌓았어요. → O
- 벽을 하야케 칠해 주세요. → X
- 얼굴이 빨가케 달아 올랐어요. → X
- 멍이 들어 파랗게 변했어요. → O

## 도전! 맞춤법 골든벨 ④

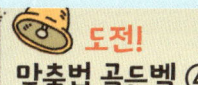

🎯 빈칸에 들어갈 말을 알맞게 이으세요.

- 학생이 대회에 참가했어요. — 많은 / 마는
- 의자에 ___ 기다려 주세요. — 안자서 / 앉아서
- 그림이 비싼 ___ 에 팔렸어요. — 값 / 갑
- 밥 위에 달걀프라이를 ___. — 언졌다 / 얹었다
- 병아리를 잘 키워 ___ 이 되었어요. — 닭 / 닥
- 더 ___ 밧줄이 필요해요. — 굵은 / 굴근

🎯 받아쓰기 시험지예요. 틀린 것을 바르게 고쳐주세요.

○학년 ○반 ○번 왕순남

1. 오늘은 돼지고기를 삶아 먹었어요.
2. 도서관에서 책을 열심히 일겄어요.
3. 나와 닮은 사람을 만났어요.
4. 어제 버스에서 지갑을 일어버렸다.
5. 옷이 얇아서 너무 추웠어요.
6. 아주 넓적한 그릇이 필요해요.

2. 일겄어요 → 읽었어요
4. 일어버렸다 → 잃어버렸다

# 5장 정답

## 도전! 맞춤법 골든벨 ⑤

**밑줄 친 낱말에 알맞은 품사를 찾아 선으로 이으세요.**

- 나는 초등학교에 다니는 <u>학생</u>입니다. —— 명사
- <u>이것</u>은 처음 먹어 보는 음식입니다. —— 대명사
- 우리 아빠는 올해 <u>마흔</u> 살이 되셨어요. —— 수사
- 어수선은 최선을 다해 <u>달렸어요</u>. —— 동사
- 하늘을 바라보니 구름이 <u>아름다워요</u>. —— 형용사
- <u>나는</u> 과일<u>을</u> 정말 좋아해요. —— 조사

**바르게 띄어 쓴 문장을 찾아 ∨표 하세요.**

- 왕순남이∨책을∨읽어요. ✓
- 왕순남이책을∨읽어요. ☐
- 아빠랑∨시장에∨갔어요. ✓
- 아빠랑∨시장에갔어요. ☐
- 김미영∨선생님,∨안녕하세요? ✓
- 김미영선생님,∨안녕하세요? ☐
- 나는∨충무공∨이순신장군을∨존경해요. ☐
- 나는∨충무공∨이순신∨장군을∨존경해요. ✓
- 연필∨세∨자루∨주세요. ✓
- 연필∨세자루∨주세요. ☐
- 가게에서∨사과∨다섯∨개를∨샀어요. ✓
- 가게에서∨사과∨다섯개를∨샀어요. ☐

## 도전! 맞춤법 골든벨 ⑤

**바르게 띄어 쓴 문장을 찾아 ∨표 하세요.**

- 맛있는∨것을∨드릴게요. ✓
- 맛있는것을∨드릴게요. ☐
- 나는∨요리를∨할수∨있어요. ☐
- 나는∨요리를∨할∨수∨있어요. ✓
- 컴퓨터는∨쓸∨줄∨몰라요. ✓
- 컴퓨터는∨쓸줄∨몰라요. ☐
- 공부한∨만큼∨최선을∨다할뿐입니다. ☐
- 공부한∨만큼∨최선을∨다할∨뿐입니다. ✓
- 한국대∨일본의∨경기가∨펼쳐집니다. ☐
- 한국∨대∨일본의∨경기가∨펼쳐집니다. ✓
- 딸기와∨귤,∨사과등을∨먹어요. ☐
- 딸기와∨귤,∨사과∨등을∨먹어요. ✓

**밑줄 친 부분의 띄어쓰기가 맞는 문장에는 O표, 틀린 문장에는 X표 하세요.**

- 1반<u>과 2반이</u> 축구 경기를 해요. — O
- <u>각도기 및 컴퍼스를</u> 준비하세요. — O
- 오늘은 전국에 <u>비가내립니다</u>. — X
- 나는 올해 <u>열살이</u> 되었어요. — X
- <u>먹을 만큼만</u> 가져가세요. — O
- 창문을 활짝 <u>열어 주세요</u>. — O
- 곽나리 <u>열심히공부했어요</u>. — X
- 아주 <u>예쁜나비를</u> 보았어요. — X
- 그 사람은 바로 <u>어수선이었다</u>. — O
- 밥을 먹고 나니 <u>힘이나요</u>. — X
- <u>상쾌한바람이</u> 불어요. — X
- 너는 <u>잘할 수 있어</u>! — O

**초판 1쇄 발행** 2021년 4월 19일

| | |
|---|---|
| **글** | 류혜인 |
| **그림** | 이진아 |
| **편집** | 전현정·이선아 김서중 김채은 정윤경 \| **디자인** 상상이꽃처럼 |
| **제작** | 박천복 김태근 고형서 \| **마케팅** 윤병일 김수진 박유진 \| **홍보 디자인** 최진주 |
| **펴낸이** | 김경택 |
| **펴낸곳** | (주)그레이트북스 |
| **등록** | 2003년 9월 19일 제313-2003-000311호 |
| **주소** | 서울시 구로구 디지털로31길 20 에이스테크노타워5차 12층 |
| **대표번호** | (02) 6711-8676 |
| **홈페이지** | www.greatbooks.co.kr |
| **ISBN** | 978-89-271-9883-3 74700 |
| | 978-89-271-9246-6(세트) |

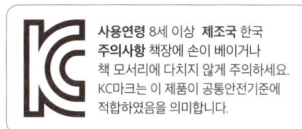

※ 이 책은 저작권법에 따라 보호받는 저작물이므로
무단전재와 무단복제를 금합니다.